투자지식과 금융영어를 동시에 마스터하는

글로벌 금융증권
영어회화

Disclaimer:

I, YK Kim, hereby certify that all of the views expressed in this book accurately reflect my personal views about any and all of the subject issuers or securities. I also certify that no part of my compensation was, is, or will be directly or indirectly related to the specific recommendations or views in this book.

— YK Kim

주의문

필자 김융기는 이 책에 나오는 모든 유가증권이나 회사와 관련된 의견들은 전적으로 본인 개인 의견임을 밝힙니다. 또한 이 책의 출판에 따른 수익금은
이 책에 나오는 특정한 추천이나 의견과 직접적으로나 간접적으로나 아무런 관련이 없음을 밝힙니다.

— 김융기

투자지식과 금융영어를 동시에 마스터하는
글로벌 금융증권 영어회화

지은이 김융기
펴낸이 임상진
펴낸곳 (주)넥서스

초판 1쇄 발행 2005년 9월 15일
초판 4쇄 발행 2015년 3월 20일

2판 1쇄 발행 2017년 6월 10일
2판 7쇄 발행 2025년 3월 25일

출판신고 1992년 4월 3일 제311-2002-2호
주소 10880 경기도 파주시 지목로 5
전화 (02)330-5500 팩스 (02)330-5555

ISBN 979-11-6165-010-4 93740

저자와 출판사의 허락 없이 내용의 일부를
인용하거나 발췌하는 것을 금합니다.
저자와의 협의에 따라서 인지는 붙이지 않습니다.

가격은 뒤표지에 있습니다.
잘못 만들어진 책은 구입처에서 바꾸어 드립니다.

www.nexusbook.com

GLOBAL INVESTMENT BANKING ENGLISH

투자지식과 금융영어를 동시에 마스터하는

글로벌 금융증권
영어회화

김융기 지음

개정판

넥서스

감사의 글

먼저 필자의 개정판 아이디어에 인내심을 갖고 기다려 주시고 아울러 저에게 다시 한번 도전의 기회를 제공해 주신 넥서스 출판사에 심심한 감사를 드립니다.

이 책은 필자의 18년 국제금융 현장 경험과 12년 대학 강의를 바탕으로 직접 상황을 설정하여 에피소드를 만들어 일반 생활 영어로 표현한 투자 지침서입니다. 따라서 제한된 지면에 완벽한 문장을 만들지 못하는 환경 설정 문제로 때때로 어려움을 겪을 수밖에 없었습니다. 그때마다 옛 직장 동료들과 제 수업을 수강하는 학생들을 통해 직접 해당 과제를 대화하듯이 해 보면서 난관을 헤쳐 나갔습니다. 특히 필자가 10년 동안 같이 근무했던 과거 베어링 증권 출신들과 한양대 국제학부 학생들의 도움에 대해 감사의 마음을 전하고 싶습니다. 특히 지난 30여 년 가까이 제가 지켜본 어떤 분보다 국제금융 및 자산운용 분야의 최고 권위자이신 곽태선 전 베어링자산운영 사장님께서 항상 따뜻한 용기와 끊임없는 성원을 보내 주셨습니다. 개정판 영문 교정 작업은 한양대 뉴스H 영문편집장인 국제학부 배윤경 양이 틈틈이 도와주었는데 젊은이들이 사용하는 최신 영어표현 방법을 구사하는 데 큰 도움을 주었습니다.

무엇보다 가르침의 진가를 느끼게 해 준 분들은 2004년 가을 학기부터 제 수업을 수강한 한양대학교 경영대학원 MBA와 국제학부 등 학생들일 것입니다. 이 책이 12년 전 처음 출판되어 대학원 교재로 사용될 때 그분들이 보내 주신 찬사와 격려가 지금까지도 저에게는 큰 힘이 되어 왔고, 그 후 매 학기 제 강의를 수강해 준 학부생들의 열정적인 지지와 성원이 없었다면 개정판의 출판은 불가능했을 것입니다. 저에게 겸임 교수로서 강의를 요청해 주시고 늘 격려를 아끼지 않으신 한양대학교 한상린 경영학부 교수님과 국제학부 김연규 교수님, 류주한 교수님께도 진심으로 감사를 드립니다.

끝으로, 최후의 후원자 역할을 마다하지 않고 언제나 무한한 응원을 보내 주는 아내 혜상, 딸 아영, 그리고 아들 재만에게 사랑한다는 말을 전합니다.

추천의 글

Thae S. Khwarg
Former CEO | Baring Asset Management Korea
곽태선 전 사장
한국 베어링자산운용회사

Of all the English conversation books I have read, YK's Global Investment Banking English is one of the most practical books. If you are an analyst, fund manager, trader or investment banker, or someone aspiring towards such a career, the lessons you learn from this book can be put to use right away.

What makes this book so real and lively is that it is based on true life experience of Professor YK Kim, with whom I had the pleasure to work together at Baring Securities and still meet on a regular basis to exchange views on global affairs. Many lessons remind me of the discussions YK Kim and I used to have at work or over a drink after work. I was very impressed to see that one lesson specifically covers a case where you need to leave a concise voice message to a client. I was also impressed to see that another lesson covers the latest use of AI in trading and fund management.

I sincerely hope that this book will inspire many readers to become famous analysts, fund managers, traders or investment bankers for not just the Korean capital markets, but the entire Northeast Asia region or even global markets.

K.Y. Nam
Former Managing Director | Daiwa Securities Capital Markets | Macquarie Securities
남기열 전 전무
다이와증권 | 맥쿼리증권

This book written by YK Kim provides valuable insight and analysis that can help people aspiring for careers in the international finance. YK Kim was my colleague at one of the leading global investment banks, Baring Securities, where he was an outstanding broker. He is a true professional and also a good friend.

This book takes its cue from "real life" situations and comes from YK Kim's experience as an investment banker in the leading global financial centers — New York, Hong Kong and Seoul.

Many of the chapters may appear technical with financial terms, but they are precisely the type of financial language that is commonly used and required in the international finance area.

In this age of international business, I believe that this book will prove to be invaluable for anyone aspiring to work in this field. I highly recommend this book and wish all of you the best of luck in attaining your goals in international finance.

Byoung-chul Min
Professor | College of International Studies | Kyung Hee University
Chairman | Sunfull Movement, an Anti-Cyberbullying Campaign
민병철 교수
경희대 국제학부 | 선플운동본부 이사장

The newly revised version of Global Investment Banking English by Prof. YK Kim of the DIS at Hanyang University will prove to be innovative in the era of the 4th Industrial Revolution, where effective global communication is of utmost importance. Kim has hit the sweet spot of combining his varied and unique work experiences in the finance world with communication in English. It is an absolute pleasure to endorse this book written by Prof. YK Kim.

Joohan Ryu
Professor | Division of International Studies | Hanyang University
류주한 교수
한양대 국제학부

I have been an academic researcher with global conglomerates and colleges for many years and during that period, I have not seen anyone come up with such a comprehensive and easy to understand English reference book for this finance industry.

I would have to say that this book is a must for those aspiring to work in this industry and sharpen their English skills. I fully agree that this could turn out to be the industry bible in Korea.

I have worked with Prof YK Kim at the DIS over the past few years and I believe his experiences and understanding of this industry are well laid out in this book.

Sangrin Han
Professor | Business School | Hanyang University
한상린 교수
한양대 경영학부

20년 가까이 New York과 Hong Kong 그리고 서울에서 쌓아 온 Investment Banking 실무 경험을 바탕으로 Investment Banker들을 위한 글로벌 재무영어책을 출판한 지도 어느덧 12년이 지났습니다. 아울러 이번에 새롭게 업데이트되어 개정판이 나오게 된 것을 축하합니다. 현실에서 일어날 수 있는 다양한 상황을 배경으로 작성된 이 책의 내용과 저자의 강의 내용이 좋다는 점은 이미 저자가 그동안 한양대학교 국제학부와 경영대학원에서 강의를 해 오면서 최고의 강의평가 점수를 받았다는 사실에서도 입증되고 있습니다. 아무쪼록 이 책이 글로벌 재무 및 증권 분야에서 일하는 실무 담당자와 대학에서 재무관리를 공부하는 학생들에게 유용하게 쓰이기를 기대합니다.

머리말

    이 책은 현재 증권회사, 자산운용 회사 또는 시중 은행 등 금융 회사에서 근무하면서 영어로 본인이 하고 있는 일을 표현하고자 하는 직원이나, 향후 외국계 증권사 및 자산운용 회사, 혹은 국내 증권사 국제부 등 자본시장에서 일하고자 하는 대학생 등 취업 준비생들을 위하여 고안된 실용 금융증권, 경제 영어 회화서입니다. 또한, 금융인이 아닌 일반 개인투자가에게도 국제화 시대에 자신의 경제 지식과 투자 방법 등을 성찰할 기회를 갖게끔 고안된 실용 금융투자 지침서이기도 합니다.

    12년 전 이 책이 처음 출판되어서 경영대학원 금융학과에서 강의 교재로 채택되었을 때 이렇게 오랜 기간 사용되리라 꿈에도 생각을 못하였습니다. 1997년대 말 IMF 경제 위기가 국내에서 한창 진행되고 있을 때 홍콩, 싱가포르, 도쿄 등 아시아의 금융 중심 도시들을 돌며 POSCO, KEPCO 등 한국의 주요 기업의 정부 지분을 DR 형식으로 외국투자가에게 파는 일을 하면서 어떻게 한국이 금융 위기를 극복했는지 등을 강의 내용으로 대학원생들에게 글로벌 국제 금융시장에서 사용한 영어를 가르치는 정도로 만족하고자 했었습니다.

    그런데 학기가 지나갈수록 이 책은 국제학부와 경영학부뿐 아니라 인문·사회과학 및 이공계 자연과학 학부 학생들에게도 금융증권, 경제영어 강의에 도움이 되는 교재가 된 것은 물론, 국제금융 및 투자 분야에서 없어서는 안 될 재무 핵심 강의 교재로 자리매김하게 되었습니다. 이에 따라 수치 수정과 더 전문적이고 세심한 내용 변화 등 개정판에 대한 요구를 절실히 느낄 수 있었습니다.

    지금 저는 이 책의 개정판을 마무리하면서 많은 생각에 사로잡혀 있습니다. 직장생활로 오랜 시간을 해외에서 보내고, 우리 자본시장의 모습을 한 단계 끌어올리는 데 작은 역할을 하고자 이 책을 처음 소개한 12년 전과 비교해 보면 아직도 우리 자본시장은 국제화 및 개방화가 아시아의 경쟁 국가들에 비해 크게 뒤처져 있다고 생각합니다. 외국계 증권사나 국내 증권사 국제부에서 근무하고 있는 소수의 직원들을 제외한 거의 대다수 증권회사 직원들은 영어가 직접적인 업무에 도움이 되지 않기 때문에 국제화의 필요성을 느끼면서도 영어에 대해 무관심하더군요. 취업전선에 있는 학생들은 아직도 TOEIC 등 영어 시험에만 매달리고 있어서, 막상 영어로 Investment Banking과 관련된 회화를 하게 되는 상황을 접한다면 과연 효과적으로 자기 표현을 할 수 있을까 하는 의문이 생깁니다. 회화에 필요한 전문용어나 관용어를 접해 보지 않았기 때문에 새내기 프로다운 준비가 결여되어 보일 수 있다고 생각됩니다.

    이런 현실들을 보면서 저는 실용적인 증권 및 경제 관련 영어 사용의 필요성을 아직도 절실히 느끼고 있습니다. 이에 부응하고자 개정판은 전체 60개 에피소드의 25%인 15개 에피소드를 새로운 에피소드로 교체하여 제4차 산업혁명을 맞이하고 있는 AI 등 여러 산업 분야를 반영하였습니다. 또한 대부분의 기존 에피소드 내용도 수치를 업데이트하고 배경설명을 보강하여, 쉽고 재미있게 영어로 표현하고자 노력하였습니다. 아무쪼록 이 책이 국제 자본시장에 한 획을 긋고자 하는 자본시장 참여자 및 투자가들 모두에게 살아 있는 증권 경제 영어 회화 실력과 깨알 같은 투자 지식을 함양하고자 하는 목적에 실용적으로 도움이 될 수 있기를 진심으로 바랍니다.

저자 김융기

이 책의 구성

전체 구성

증권회사에서 대화가 이루어질 수 있는 상황에 따라 Sales Situation(영업부), Investment Banking Situation(투자금융부), Research Situation(조사부), In-street Situation(회사 밖)의 4가지 상황을 한 Session으로 분류해 총 15 Session, 60 Episode로 구성했습니다.

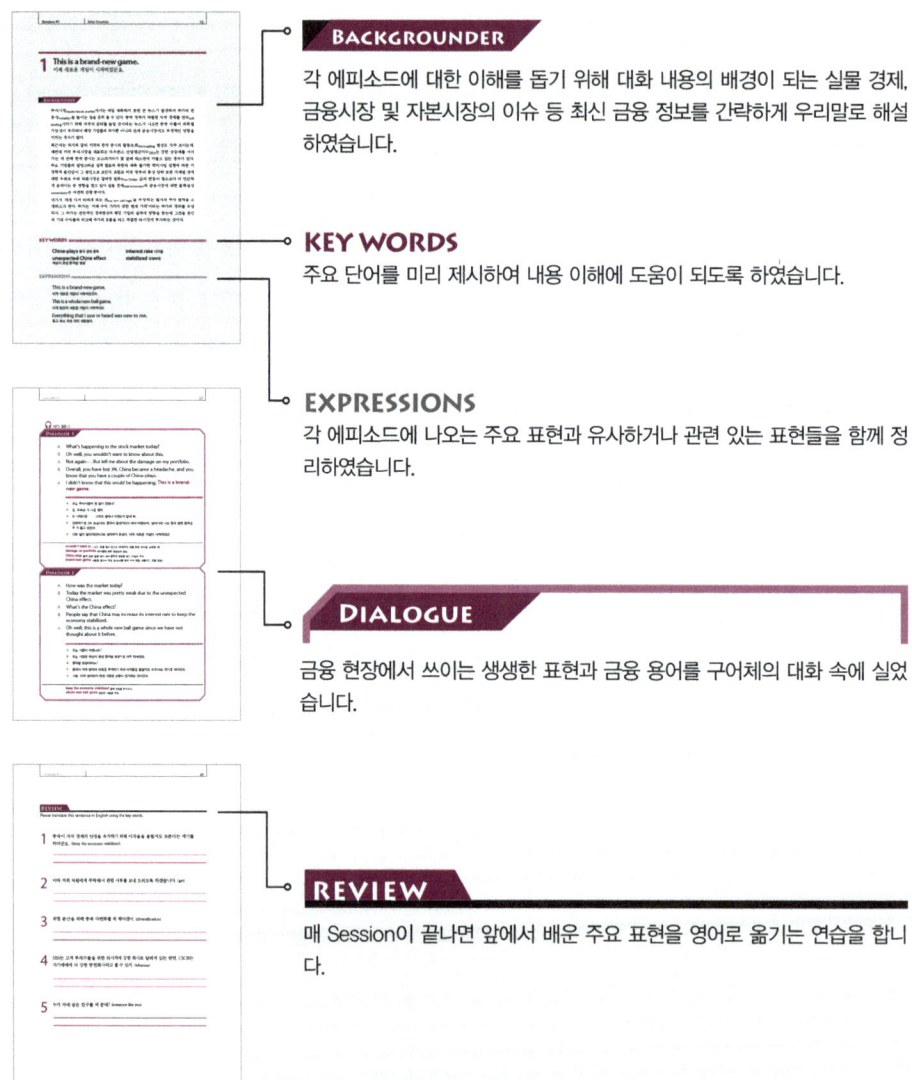

BACKGROUNDER
각 에피소드에 대한 이해를 돕기 위해 대화 내용의 배경이 되는 실물 경제, 금융시장 및 자본시장의 이슈 등 최신 금융 정보를 간략하게 우리말로 해설 하였습니다.

KEY WORDS
주요 단어를 미리 제시하여 내용 이해에 도움이 되도록 하였습니다.

EXPRESSIONS
각 에피소드에 나오는 주요 표현과 유사하거나 관련 있는 표현들을 함께 정리하였습니다.

DIALOGUE
금융 현장에서 쓰이는 생생한 표현과 금융 용어를 구어체의 대화 속에 실었습니다.

REVIEW
매 Session이 끝나면 앞에서 배운 주요 표현을 영어로 옮기는 연습을 합니다.

Contents

감사의 글	5	머리말	8
추천의 글	6	이 책의 구성	10

Session 01

1. This is a brand-new game. — 16
   이제 새로운 게임이 시작되었군요.
2. How long does it take to obtain a foreign ID number? — 18
   외국인 투자등록증을 발급받는 데 며칠이 걸립니까?
3. I want some small-cap ideas. — 20
   소형주에 투자하기 위한 정보가 필요합니다.
4. SBS is known as a research-driven house for end investors. — 22
   SBS는 고객 투자가들을 위한 리서치에 강한 회사로 알려져 있습니다.

Session 02

1. What would be a catalyst for the market to move up? — 26
   시장이 상승하려면 어떤 뉴스가 있어야 하나요?
2. SK E&S has managed to issue a 3-year corporate bond at the lowest rate in history. — 28
   SK E&S가 3년 만기 회사채를 사상 최저 금리로 발행하였습니다.
3. How do you perceive the earnings announcement of SEC? — 30
   삼성전자의 실적 발표가 있었는데 어떻게 평가하시나요?
4. We must create a Korean version of 'Goldman Sachs.' — 32
   한국판 '골드만 삭스'를 키워 내야만 합니다.

Session 03

1. Can I place a buy order? — 36
   매수 주문 하나 받아 주시겠어요?
2. That is true regardless of age or gender. — 38
   그것은 남녀노소 불문하고 모두에게 해당되는 말이지.
3. Would it be possible for us to visit your company? — 40
   저희가 귀사를 방문하고자 하는데 괜찮을까요?
4. Don't add insult to injury. — 42
   그건 날 두 번 죽이는 거야.

Session 04

1. I'm now really interested in POSCO. — 46
   이제 포스코 주에 관심이 많아졌어요.
2. I've got to review the voice recording of the trade. — 48
   그 매매 관련 녹취를 들어 봐야 되겠군.
3. That's the name of the game. — 50
   그것이 문제의 핵심이다.
4. Yawning is contagious. If you don't stop, I'll soon start, too. — 52
   하품은 옮는 거야. 네가 멈추지 않으면 나도 금방 따라 하게 될 거야.

Session 05

1. What happened to the overnight Korean Euro-paper market? — 56
   밤새 한국물 동향이 어떠했나요?
2. KT&G is set to buy 10 million shares for cancellation. — 58
   KT&G는 1천만 주를 소각하기 위한 매수 준비가 다 되어 있다.
3. What's the market cap of combined KOSPI and KOSDAQ vis-à-vis Korea's GDP? — 60
   한국의 GDP 대비 거래소와 코스닥 시장을 합한 시가총액은 어느 정도인가요?
4. If you say so, I'll think about sticking around in this company. — 62
   그렇게 말씀하시니, 이 회사에 좀 더 다니는 것을 생각해 볼게요.

Session 06

1. Have you received my e-mail regarding the HMC's 2nd quarter results? — 66
   제가 현대차 2분기 실적에 대해 이메일을 보내 드렸는데 받으셨나요?
2. May I ask you a question point-blank? — 68
   단도직입적으로 질문 하나 해도 되겠습니까?
3. What is your model portfolio like? — 70
   당신의 모델 포트폴리오는 어떻게 구성되어 있나요?
4. Whatever you do, don't get laid-off. — 72
   어떤 일을 하든지 잘리지 말고 다녀라.

Session 07

1. Foreigners are really being active in the futures market at this particular time. — 76
   외국인들이 이 시각 현재 선물시장에 진짜 활발히 참여하고 있어요.
2. That's up in the air at the moment. — 78
   지금으로선 알 수가 없습니다.
3. 'Buy Korea' and the S&P's upgrade of sovereign credit rating for Korea — 80
   '바이 코리아'와 S&P의 한국 신용등급 상향 조정
4. Look at this empty place! The domestic business is obviously not picking up. — 82
   이 빈자리 좀 봐요! 국내 경기가 영 살아나고 있지 않네요.

Session 08

1. Could you tell us about your investment philosophy? — 86
   당신의 투자 철학이 무엇인지 말씀해 주시겠습니까?
2. Can a private equity fund increase corporate values? — 88
   사모투자전문회사는 기업 가치를 높여 줄 수 있을까요?
3. We've seen a record growth in export in June on a YoY basis. — 90
   6월 수출 증가율이 전년 동기 대비 사상 최고를 기록했습니다.
4. How has your work-out been coming along lately? — 92
   요즈음 하는 운동은 잘 되고 있나?

Session 09

1. What will happen to our market if MSCI includes Korea in its developed market index? — 96
   MSCI가 한국을 선진시장지수에 편입한다면 국내 시장에 어떤 변화가 있을까요?

2. Because of the legal matter, we need to get an approval from the Financial Services Commission. — 98
   법률적인 문제가 있어서 금융위원회의 허가를 받아야 합니다.

3. A stock price is defined as the discounted value of future earnings growth. — 100
   주가란 미래 수익 가치에 대한 현가라고 정의합니다.

4. No venture, no gain. — 102
   호랑이 굴에 들어가야 호랑이를 잡는다.

Session 10

1. We need some block trading to get the job done. — 106
   체결하려면 자전거래로 해야 되겠군요.

2. How tight is your compliance department? — 108
   귀사의 준법감시부는 얼마나 엄격한가요?

3. The top 20 blue chip shares will outperform the market. — 110
   상위 20개 우량주가 시장 수익률을 상회할 것이다.

4. We had a good turnout in our investment seminar. — 112
   본사의 투자설명회는 성황리에 열렸습니다.

Session 11

1. Ignorance is bliss. — 116
   모르는 게 약이다.

2. You can pick and choose among our new ELS products. — 118
   새로 출시한 주가연계증권 상품들 가운데서 선택하실 수 있습니다.

3. Nothing pays better than to be kind. — 120
   친절한 것보다 더 유익한 것은 없어요.

4. How to be of value to your client — 122
   고객을 대하는 방법

Session 12

1. You don't have to hit a home run form day one. — 126
   첫날부터 큰 성과를 낼 필요는 없어요.

2. My opinion may be summed up in a few words. — 128
   제 의견은 몇 마디로 요약될 수 있습니다.

3. How would you say GenStory would fare in terms of earnings? — 130
   GenStory가 향후 얼마나 이익을 창출할 거라고 보십니까?

4. Have you ever heard of a hedge fund called 'Vampire?' — 132
   '뱀파이어'라는 헤지펀드에 대해 들어 봤어요?

Session 13

1. Your executions are not impressive! — 136
   체결 내역이 별로 마음에 안 들어요!
2. The best way to get nothing done is for people to sit on the fence. — 138
   망하는 지름길은 아무것도 하지 않고 가만히 있는 것이지요.
3. What's your view on KEPCO? — 140
   한국전력에 대해 어떻게 생각하십니까?
4. Have you recently received a phone call by any chance from a head hunter? — 142
   혹시 최근에 헤드헌터한테서 전화 받은 적 있나요?

Session 14

1. It has nothing to do with any unfair practice. — 146
   이 건은 불공정 거래하고 상관이 없습니다.
2. Foreign investors are doubling down on Korean securities. — 148
   외국투자가들이 한국 증권을 대거 사들이고 있습니다.
3. Financials have been laggards. — 150
   금융주들의 수익률이 뒤처지고 있습니다.
4. I've got this hot rumor from the street. — 152
   나 진짜 특종감이 있어.

Session 15

1. Where are institutional investors in our market? — 156
   우리 시장에 기관투자는 어디 있는 거야?
2. Plan B involves investing into overseas property funds. — 158
   대안은 해외 부동산 펀드에 투자하는 것입니다.
3. We're running out of blue chips. — 160
   우량주 품귀 현상이 심해지고 있습니다.
4. A dividend fund has been the jewel of the bear market. — 162
   배당주 펀드가 약세장에서 빛났습니다.

Review Answers — 165

Appendix 부록

1. A Broker's Letter 브로커의 편지 — 170
2. A Follow-up E-mail 후속 이메일 — 172
3. Depositary Reciepts 주식예탁증서 — 174
4. Glossary 용어 모음 — 176

Session 01

Sales Situation
1. **This is a brand-new game.**
   이제 새로운 게임이 시작되었군요.

Investment Banking Situation
2. **How long does it take to obtain a foreign ID number?**
   외국인 투자등록증을 발급받는 데 며칠이 걸립니까?

Research Situation
3. **I want some small-cap ideas.**
   소형주에 투자하기 위한 정보가 필요합니다.

In-street Situation
4. **SBS is known as a research-driven house for end investors.**
   SBS는 고객 투자가들을 위한 리서치에 강한 회사로 알려져 있습니다.

1 This is a brand-new game.
이제 새로운 게임이 시작되었군요.

BACKGROUNDER

주식시장equity/stock market에서는 매일 예측하지 못한 큰 뉴스가 발생하여 주가의 변동성volatility을 높이는 일을 흔히 볼 수 있다. 중국 정부가 과열된 자국 경제를 연착soft landing시키기 위해 자국의 금리를 높일 것이라는 뉴스가 나오면 중국 수출이 위축될 가능성이 부각되어 해당 기업들의 주가뿐 아니라 전체 금융시장에도 부정적인 영향을 미치는 경우가 많다.

최근에는 과거와 달리 미국과 한국 증시의 탈동조화decoupling 현상도 자주 보이는데, 예컨대 미국 주식시장을 대표하는 다우존스 산업평균지수DJIA는 강한 상승세를 이어가는 데 반해 한국 증시는 코스피지수가 몇 달째 박스권에 머물고 있는 경우가 있다. 주요 기업들의 실망스러운 실적 발표와 북한의 예측 불가한 핵미사일 실험에 따른 지정학적 불안감이 그 원인으로 보인다. 트럼프 미국 정부의 통상 압박 또한 거세질 것에 대한 우려로 우리 외환시장은 달러당 원화Won/Dollar 값의 변동이 평소보다 더 민감하게 움직이는 등 영향을 받고 있어 실물 경제real economy와 금융시장에 대한 불확실성uncertainty은 여전히 진행 중이다.

여기서 '싸게 사서 비싸게 파는 것buy low sell high'을 주장하는 필자의 투자 원칙을 소개하고자 한다. 주가는 '미래 수익 가치에 대한 현재 가격'이라는 주가의 정의를 유념하자. 그 주가는 전반적인 경제현상과 해당 기업의 실적에 영향을 받는데 그것을 본인의 기대 수익률과 비교해 주가의 흐름을 타고 적절한 타이밍에 투자하는 것이다.

KEY WORDS

China-plays 중국 관련 종목
unexpected China effect 예상치 못한 중국발 영향
interest rate 이자율
stabilized 안정화된

EXPRESSIONS

This is a brand-new game.
이제 새로운 게임이 시작되었군요.

This is a whole new ball game.
이제 완전히 새로운 게임이 시작되네요.

Everything that I saw or heard was new to me.
듣고 보는 모든 것이 새로웠다.

 MP3 S01-1

DIALOGUE 1

A What's happening to the stock market today?
B Oh well, you wouldn't want to know about this.
A Not again…. But tell me about the damage on my portfolio.
B Overall, you have lost 3%. China became a headache, and you know that you have a couple of China-plays.
A I didn't know that this would be happening. **This is a brand-new game.**

A 오늘 주식시장에 뭔 일이 있었나?
B 음, 모르는 게 나을 텐데.
A 또 시작이군……. 그래도 얼마나 깨졌는지 말해 봐.
B 전체적으로 3% 손실이야. 중국이 골칫거리가 되어 버렸는데, 알다시피 너는 중국 관련 종목을 두 개 들고 있잖아.
A 이런 일이 벌어지리라고는 생각하지 못했어. 이제 새로운 게임이 시작되었군.

wouldn't want to ~하는 것을 원치 않는다 (부정적인 것을 강한 의지로 표현할 때)
damage on portfolio 유가증권 보유 현황상의 손실
China-play 중국 관련 일을 많이 해서 중국의 영향을 받는 기업의 주식
brand-new game 새로운 일이나 게임 (brand를 앞에 써서 정말 새롭다는 것을 강조)

DIALOGUE 2

A How was the market today?
B Today the market was pretty weak due to the unexpected China effect.
A What's the China effect?
B People say that China may increase its interest rate to keep the economy stabilized.
A Oh well, this is a whole new ball game since we have not thought about it before.

A 오늘 시장이 어땠나요?
B 오늘 시장은 예상치 못한 중국발 영향으로 아주 약세였죠.
A 중국발 영향이라뇨?
B 중국이 자국 경제의 안정을 유지하기 위해 이자율을 올릴지도 모른다는 얘기를 하더군요.
A 그럼, 이제 생각하지 못한 새로운 상황이 전개되는 것이군요.

keep the economy stabilized 경제 안정을 유지하다
whole new ball game 완전히 새로운 국면

2 How long does it take to obtain a foreign ID number?
외국인 투자등록증을 발급받는 데 며칠이 걸립니까?

BACKGROUNDER

외국의 개인이나 기관투자가가 한국의 상장 유가 증권에 투자하고자 하면 제일 먼저 외국인 투자등록증foreign ID을 금융감독원에서 발급받아야 한다. 이는 상장기업의 외국인 지분율을 실시간으로 알리기 위함이며 국내 자본시장이 개방된 해인 1992년 1월부터 외국인 투자가들에게 번호가 부여되어 2017년 3월에 40,000번까지 이 번호가 이어져 오고 있다. 주요 국적별로는 미국(34.1%), 일본(9.8%), 케이맨 군도(7.5%), 영국(6.3%), 캐나다(5.6%), 룩셈부르크(3.6%), 스위스(0.9%) 순이다.

외국 기관투자가인 경우 ID가 주어지게 되면 그 ID에 속한 sub account가 종종 있어서 투자 자금의 원주인end-investor의 실체를 보다 구체적으로 표현하기도 한다. 예를 들어, Funds라는 외국 기관투자가에게 운용자금을 맡긴 Hong Kong의 Country Club을 위한 계좌인 경우, ID 17,500 Funds sub a/c Hong Kong Country Club이라고 표현한다.

초기에는 우리나라 주식시장이 부분 개방되어 규제의 개념으로 외국인 투자등록증 제도를 만들었으나 이러한 규제는 자유로운 투자를 권고하는 국제화 흐름에 역행하는 후진국 제도로서, 철폐된다면 더 많은 다양한 외국투자가들이 한국 주식시장에 투자할 수 있지 않을까 생각한다.

KEY WORDS

foreign ID number 외국인 투자등록증
institutional account 법인 계좌
apply for 신청하다
necessary documents 관련 서류
materials 자료

EXPRESSIONS

How long does it take to obtain a foreign ID number?
외국인 투자등록증을 발급받는 데 며칠이 걸립니까?

When can we open an account with you?
언제 우리가 귀사에 계좌를 개설할 수 있나요?

How come we were not able to get our ID number?
왜 우리가 ID를 받을 수 없었나요?

 MP3 S01-2

DIALOGUE

A Hello, may I speak to Miss Sophie Park in the operations department?
B Sure, hold on a minute. I'll put you through.
C Good morning, Securities One's Sophie speaking.
A This is Mr. Foong calling from Funds. I just wonder if you can help me on this matter.
C Hi, Mr. Foong. I hope I can help you. What is it?
A **How long does it take to obtain a foreign ID number?** I need to open an institutional account for the Hong Kong Country Club.
C Mr. Foong, that's an easy one since I am the one who handles that matter. It takes about 3 or 4 days if you apply for it either on Tuesday or Thursday. Otherwise, it takes a week.
A Oh, that's quite specific! Thank you very much for your help. I'll get someone to send the necessary documents to you later.
C It's my pleasure, and I'll wait for the materials. Have a good day!

A 여보세요, 업무부의 Sophie Park 좀 바꿔 주시겠습니까?
B 네, 잠깐만요. 연결해 드리겠습니다.
C 안녕하세요. Securities One의 Sophie Park입니다.
A 저는 Funds의 Foong입니다. 여쭤볼 게 있는데요.
C Foong 씨, 안녕하세요. 제가 도움이 될 수 있으면 좋겠네요. 무슨 일이지요?
A 외국인 투자등록증을 받는 데 며칠이 걸립니까? 저희가 Hong Kong Country Club의 법인 계좌 하나를 개설해야 하거든요.
C Foong 씨, 제가 바로 그 업무를 담당하니까 간단하겠네요. 보통 화요일이나 목요일에 신청하면 3-4일 정도 걸리고, 다른 날은 1주일 걸립니다.
A 아, 정말 자세히 알려 주시네요! 친절히 답변해 주셔서 감사합니다. 이따 저희 직원에게 부탁해서 관련 서류를 보내 드리도록 하겠습니다.
C 천만에요! 서류 기다리겠습니다. 좋은 하루 보내세요!

put someone through ~의 전화를 연결시키다
institutional 기관투자가의 *opp.* individual 개인투자가의
otherwise 그렇지 않으면 (=if not)
get someone to do something ~에게 …을 하도록 시키다
materials 자료, 서류 *eg.* printed materials 인쇄물

3. I want some small-cap ideas.
소형주에 투자하기 위한 정보가 필요합니다.

BACKGROUNDER

증권투자의 최종적인 의사 결정은 특정 종목의 매수buy, 매도sell 판단이다. 이를 위해서는 특정 종목의 내재가치(본질가치)를 기초로 적정주가 수준을 판단해야 하는데, 이 특정 종목의 내재가치를 분석하는 것은 기업분석가인 애널리스트analyst가 하는 기본적인 업무이다. 이를 위해 애널리스트는 수시로 기업 방문company visit을 하고 업종 분석sector analysis을 하며, 신규 상장newly listed된 종목이나 주식시장의 테마theme 등을 연구한다. 기업의 현재 주가market price가 미래의 수익 가치future earnings growth와 비교하여 저평가undervalued 또는 고평가overvalued된 종목을 발굴해서 매수 또는 매도 의견을 내는 등 투자가의 투자 의욕을 이끌어 내는 것이 애널리스트의 역량 중 하나라 할 수 있다.

일반적으로 기업 분석은 질적 분석과 양적 분석 두 가지로 구분된다. 질적 분석은 회사의 연혁, 경영진, 사업 내용 및 업계에서의 지위, 생산, 판매 현황 등 수치화할 수 없는 사항을 분석하는 것이고, 양적 분석은 재무제표 분석을 중심으로 한 경영 분석을 의미한다. 애널리스트는 특정 업체의 양적 측면과 질적 측면의 상호 유기적인 영향을 고려하며 종합적인 분석을 한 후 투자가의 포트폴리오를 짜고, 이를 바탕으로 투자가에게 위험 분산risk spread과 수익률return 제고를 위한 종목 다변화diversification를 추천할 수 있다.

KEY WORDS

company visit 기업 방문
small-cap company 소형주 회사
macro side 거시 변수
face risk 위험에 직면하다
diversification 종목 다변화
risk spread 위험 분산

EXPRESSIONS

I want some small-cap ideas.
소형주에 투자하기 위한 정보가 필요합니다.

Please tell me about your ideas on small-cap companies.
소형주 관련 정보를 알려 주세요.

It just popped into my head.
갑자기 아이디어가 떠올랐어.

MP3 S01-3

DIALOGUE

A   Tell me about your recent company visits.
B   I've visited some small-cap companies on KOSDAQ.
A   That's good, since **I want some small-cap ideas.**
B   Have you heard about a company called Kakao?
A   Yes, of course I have. Actually, I myself use Kakao Talk every day. What's the code number of the company?
B   It's 035720. Since last year, the acquisition of Loen Entertainment by Kakao which owns Melon's music has brought some results now on the consolidated basis. Besides, Kakao has been doing well especially in sales of Kakao Page, webtoons and the emoticon division.
A   Sounds great! Let me look into the details. My portfolio has too many large cap shares. If something goes wrong on the macro side, I will face too much risk. I definitely need more diversification to spread the risk.

A   얼마 전에 회사들을 방문한 얘기 좀 해 봐.
B   코스닥에 등록된 회사 몇 군데를 찾아가 봤지.
A   시가총액이 작은 회사에 투자하고 싶은데 잘됐군.
B   카카오란 회사 들어 봤어?
A   응, 물론 들어 봤지. 사실 나도 카카오톡을 매일 사용하거든. 코드 번호가 뭐야?
B   035720이야. 작년부터 멜론뮤직을 갖고 있는 로엔엔터테인먼트를 인수한 것이 이제 연결 재무제표 기준으로 뭔가 실적이 나오고 있어. 그리고 카카오페이지, 웹툰, 이모티콘 부서도 매출이 좋아지고 있지.
A   잘됐네! 내가 한번 자세히 알아볼게. 내 포트폴리오는 대형주만 너무 많이 보유하고 있지. 거시 변수가 문제가 되면 위험 관리가 무척 힘들 것 같아. 위험 분산을 위해 종목 다변화를 꼭 해야겠어.

---

small cap 시가총액이 작은 소형주 (=small capitalization)   *cf.* 시가총액 = 주가 × 발행 주식수
code number 종목 번호
macro 거시적인   *opp.* micro 미시적인
diversification 다변화
spread 분산시키다, 펼치다

4. SBS is known as a research-driven house for end investors.

SBS는 고객 투자가들을 위한 리서치에 강한 회사로 알려져 있습니다.

BACKGROUNDER

증권회사가 하는 일에는 중개brokerage, 자기매매dealing/proprietary trading, 인수underwriting 업무와 부동산property, 금융공학financial engineering 등 기타 업무가 있다. 또한 시장을 기준으로 하면 발행시장primary market 업무와 유통시장secondary market 업무로 구분할 수 있다. 기업금융corporate finance 업무는 대표적인 발행시장 업무인 반면, 중개 업무agent business는 유통시장 업무이다. 각 증권사는 이 가운데 상대적으로 비교우위에 있는 비즈니스 영역에 전략적으로 역량을 집중하게 되고, 이 모든 업무를 지원하는 조사research 업무는 결국 증권회사의 핵심적인 무기backbone tool가 된다.

증권회사 등 투자금융회사investment bank에서 근무하기를 원하는 사람은 우선 자신의 장점이 어디에 있는지 아는 것이 중요하다. 분석 및 조사 능력이 뛰어나다면 분석가analyst, 순발력이 있어 매매 자체를 즐긴다면 트레이더trader, 고객과의 직접적인 마케팅에 더 흥미를 느끼고 있다면 영업sales이 적합하다.

KEY WORDS

equity 주식
research-driven house 리서치에 강한 회사
end investor 고객 투자가
proprietary trading 자기매매
fundamentals 기본 재무 분석
hire 채용하다

EXPRESSIONS

SBS is known as a research-driven house for end investors, whereas CSCB is more like a proprietary trading house.
SBS는 고객 투자가들을 위한 리서치에 강한 회사로 알려져 있는 반면에, CSCB는 자기매매에 더 강한 증권회사입니다.

Baring seems to be a research-oriented house while JP is good at in-house trading. Baring은 리서치를 중시하는 회사인 듯 하고 JP는 상품매매에 강하다.

Securities One is an equity specialist where GITC is known as a mutual fund expert. Securities One은 주식 전문 회사인 반면에 GITC는 수익증권 전문 회사이다.

MP3 S01-4

DIALOGUE

A What's up, Julie?
B Not much, Howard. Long time no see.
A I've got a question for you. What do you think about the difference between SBS and CSCB in terms of the equity side?
B Let me see…. **SBS is known as a research-driven house for end investors, whereas CSCB is more like a proprietary trading house.**
A I see. It's like comparing apples and oranges. In that case, I would fit in better at SBS because I'm good at fundamentals.
B Get out of here. Who told you they would hire someone like you? Dream on.
A Hey, come on! You never know what could happen. Let's look at the brighter side. Some day I will make my dream come true. Just watch me closely!

A 별일 없나, Julie?
B 어, 별일 없어, Howard. 오랜만이야.
A 하나 물어볼 게 있어. SBS하고 CSCB의 차이가 뭐야? 주식 부문에서 볼 때 말이야.
B 글쎄……. SBS는 고객 투자가들을 위한 리서치에 강한 회사로 알려져 있는 반면에, CSCB는 자기매매에 더 강한 증권회사라고 볼 수 있지.
A 뭔 말인지 알겠군. 차이가 많이 나네. 그렇다면, 난 기본적 분석에 능통하니까 SBS에 더 잘 어울린다는 소리군.
B 웃기지 마. 누가 당신 같은 친구를 써 준대? 김칫국부터 마시지 말라고.
A 너무 그러지 마! 앞일은 절대 모르는 거야. 좀 더 긍정적으로 보자는 얘기야. 언젠가 꿈을 이루고야 말겠어. 꼭 지켜봐!

---

equity 주식 (=stock) *opp.* fixed income, bond 채권
research-driven 리서치에 강한 회사
proprietary trading 자기매매 (=in-house trading) *opp.* agent trading 고객 매매
compare apples and oranges 서로 너무 다른 것을 비교하다
fundamentals 기본 재무 분석
come true 실현되다

REVIEW

Please translate this sentence in English using the key words.

1 중국이 자국 경제의 안정을 유지하기 위해 이자율을 올릴지도 모른다는 얘기를 하더군요. (keep the economy stabilized)

2 이따 저희 직원에게 부탁해서 관련 서류를 보내 드리도록 하겠습니다. (get)

3 위험 분산을 위해 종목 다변화를 꼭 해야겠어. (diversification)

4 SBS는 고객 투자가들을 위한 리서치에 강한 회사로 알려져 있는 반면, CSCB는 자기매매에 더 강한 증권회사라고 볼 수 있지. (whereas)

5 누가 자네 같은 친구를 써 준대? (someone like you)

Session 02

Sales Situation
1. **What would be a catalyst for the market to move up?**
   시장이 상승하려면 어떤 뉴스가 있어야 하나요?

Investment Banking Situation
2. **SK E&S has managed to issue a 3-year corporate bond at the lowest rate in history.**
   SK E&S가 3년 만기 회사채를 사상 최저 금리로 발행하였습니다.

Research Situation
3. **How do you perceive the earnings announcement of SEC?**
   삼성전자의 실적 발표가 있었는데 어떻게 평가하시나요?

In-street Situation
4. **We must create a Korean version of 'Goldman Sachs.'**
   한국판 '골드만 삭스'를 키워 내야만 합니다.

1. What would be a catalyst for the market to move up?
시장이 상승하려면 어떤 뉴스가 있어야 하나요?

BACKGROUNDER

증권회사의 매매 데스크dealing desk에서 유가와 관련된 시장 전망market outlook을 거론하는 것은 흔히 볼 수 있는 상황이다. 특히 거의 모든 원유crude oil를 수입해야 하는 우리로서는 유가 동향이 투자할 때 고려해야 하는 중요한 변수swing factor 중의 하나이다. 특히 미국 서부 텍사스 중질유WTI; Western Texas Intermediary 가격은 금융시장financial market에서 쓰이는 기본 지수benchmark index이므로 늘 눈여겨보아야 할 지표이다. 그런데 WTI가 최근 1-2년 사이에 USD30대에서 USD60대까지 급등하여soaring 우리나라 경제의 발목을 잡는 요소로 작용하고 있다.

흔히 주식시장에서 주가에 직접적인 영향을 줄 수 있는 뉴스나 재료를 지칭할 때 촉매제catalyst라는 단어를 많이 쓴다. 이 촉매제로 인해 종합주가지수KOSPI나 개별종목individual stock 주가 흐름의 전환점turning point이 생기므로 그것이 무엇이 될지 모든 시장 참여자들market participants이 관심을 갖게 마련이다.

KEY WORDS

downward 하락세의
catalyst 촉매제
oil price 유가
go sideways 횡보하다
collapse 급락하다
WTI oil price 서부 텍사스 중질유 가격
sink or swim 흥하든 망하든 해보다

EXPRESSIONS

What would be a catalyst for the market to move up?
시장이 상승하려면 어떤 뉴스가 있어야 하나요?

What do we need to see if the market is going up?
시장이 오르는 걸 알기 위해서는 무엇을 봐야 하나요?

What drives the market to move up?
무엇이 시장을 상승시킵니까?

 MP3 S02-1

DIALOGUE 1

A The market seems to be going nowhere but down over the past two weeks. **What would be a catalyst for the market to move up?**

B I think the oil price has to come down and stabilize going forward.

A I think so, too.

B Unless this oil price situation gets better, our market will be going sideways at best. If not, it's likely to go down further.

A 시장이 지난 2주 동안 계속 빠지고 있어요. 시장이 상승하려면 어떤 뉴스가 있어야 할까요?

B 앞으로 유가가 떨어지고 안정화돼야 한다고 생각합니다.

A 나도 그렇게 생각해요.

B 유가 상황이 나아지지 않는 한, 우리 시장은 기껏해야 옆으로 갈 겁니다. 그렇지 않다면, 좀 더 빠질 가능성이 많아요.

---

catalyst 촉매, 자극제, 촉진제
going forward 미래에, 앞으로
go downward 하락하다　*opp.* go upward 상승하다
go side ways 횡보하다, 옆으로 기어가다
at best 잘해야, 기껏해야, 고작

DIALOGUE 2

A The market has collapsed over the past couple of weeks. **What would be a catalyst for the market to move back up?**

B I reckon the WTI oil price has to come down to $45 or below.

A You're absolutely right.

B Oh well, it seems we're in a situation where we'll have to sink or swim.

A 지난 2주 동안 시장이 급락해 왔어요. 시장이 다시 상승하려면 어떤 재료가 있어야 할까요?

B 서부 텍사스 중질유 가격이 45달러 이하로 떨어져야 할 것 같습니다.

A 정말 맞는 말입니다.

B 그러게요, 우리가 망하느냐 아니면 살아남느냐 하는 상황에 처한 듯합니다.

---

collapse (가격이) 폭락하다
reckon (가능성이 있다고) 생각하다 (＝think)
sink or swim 성패를 하늘에 맡기다, 흥하든 망하든 해보다

2. SK E&S has managed to issue a 3-year corporate bond at the lowest rate in history.
SK E&S가 3년 만기 회사채를 사상 최저 금리로 발행하였습니다.

BACKGROUNDER

이론적으로, 대출금리lending rate가 낮아지게 되면 기업의 시설 투자capex가 증가하게 되어 경제 활성화가 이루어지는 반면 높아지면 자금시장money market이 위축contraction되어 기업이 생산production에 필요한 투자를 꺼리게 된다. 한편, 예금 금리deposit rate가 낮아지게 되면 예금자들deposit holders이 주식투자 등을 통해 높은 수익률을 얻으려고 하는 욕구가 생기는 현상을 볼 수 있는 반면 예금 금리가 높아지면 다시 은행의 정기적금 등 확정이자 상품fixed income product으로 자금이 이동하게shift 된다.

이같이 금리도 수요와 공급 원리에 따라 결정되지만 반드시 시장의 힘에 의해서만 결정되는 것은 아니다. 각 나라는 정기적으로 정책 목표를 결정하는데 이를 기준금리benchmark interest rate라 하고 이는 연쇄적으로 모든 금리에 영향을 미친다. 한국은행은 초단기 자금거래금리, 즉 콜 금리call rate를 기준금리로 사용하고 있고, 미국은 연방준비제도이사회FRB, 일본은 일본은행이 기준금리를 정하고 있다. 영국 중앙은행인 영란은행이 결정하는 기준금리는 리보LIBOR; London Interbank Offered Rate라 불리는데, 이것은 세계 각국의 국제간 금융거래에 기준금리로 활용되고 있다.

KEY WORDS

fixed income issue 채권 발행물
3-year corporate bond 3년 만기 회사채
corporate value 기업 가치
retail industry 유통업
proceeds 수익
booked up 일정이 꽉 찬

EXPRESSIONS

SK E&S has managed to issue a 3-year corporate bond at the lowest rate in history. SK E&S가 3년 만기 회사채를 사상 최저 금리로 발행하였습니다.

Shinsegae was able to issue a 2-year zero coupon bond. 신세계가 2년 만기 무이자 지급 회사채를 발행할 수 있었습니다.

Hyundai Motor is about to issue a 10-year yankee bond in the Wall Street. 현대자동차가 월가에서 10년 만기 양키본드를 곧 발행합니다.

 MP3 S02-2

DIALOGUE

A This is practically day one for me. How would you like to be addressed?

B Please just call me DJ. By the way, you look familiar.

A I think I've seen you somewhere in the past. It's such a coincidence meeting you here.

B Anyway, I've heard a lot about you. Welcome to our department. We've been busy lately with a new fixed income issue for SK E&S which is a city gas provider among SK affiliates.

A Yes, I've heard of it. **SK E&S has managed to issue a 3-year corporate bond at the lowest rate in history.** It couldn't be better than this!

B Yup, it's only 1.482% based upon its AA+ corporate rating, the second highest level given by the local credit agency. What it means is that SK E&S has now improved its financial strength and people think the local city gas industry has a brighter outlook.

A Yes, that's true. The proceeds from this issuance will be used to set up more gas distribution facilities in the near future. Anyway, let me buy you a drink sometime this week.

B Oh, thanks, but not this week. I'm afraid I'm all booked up for the rest of the week.

A 사실 오늘이 첫 출근입니다. 성함이 어떻게 되세요?

B 그냥 DJ라고 불러 주세요. 그런데 어디서 많이 뵌 것 같군요.

A 맞아요, 전에 어디서 뵌 것 같네요. 여기서 뵙게 되다니 정말 우연이군요.

B 아무튼 말씀 많이 들었습니다. 우리 부서에 오신 걸 환영합니다. 우리는 SK E&S의 채권 발행 업무로 인해 요즘 무척 바쁘지요.

A 네, 그 얘기 들었습니다. SK E&S가 3년 만기 회사채를 사상 최저 금리로 발행했다고요. 이보다 더 좋을 순 없죠.

B 예, 국내 신용평가 기준으로 두 번째로 높은 AA+ 덕분에 발행금리가 1.482%였죠. 이는 SK E&S의 재무능력이 좋아진 것뿐만 아니라 국내 도시가스 업황을 바라보는 시각이 긍정적으로 바뀌었다는 이야기라 볼 수 있죠.

A 예, 그렇죠. 이번 발행으로 확보한 현금은 곧 가스 유통 시설 확충에 사용된답니다. 아무튼 이번 주에 내가 한잔 사죠.

B 고맙지만 이번 주는 곤란한데요. 일정이 모두 잡혀 있어서요.

---

fixed income issue (꾸준히 정해진 이자를 지급하는) 채권 발행물   *opp.* equity issue 주식 발행물
city gas provider 도시가스 공급 업체
proceeds 조달자금, 수입금
I'm afraid ~ (난처한 입장에 처했을 때 말문을 여는 표현) 죄송합니다만 ~
be booked up 일정이 모두 잡히다, 매우 바쁘다; 예매가 매진되다

3. How do you perceive the earnings announcement of SEC?

삼성전자의 실적 발표가 있었는데 어떻게 평가하시나요?

BACKGROUNDER

매 분기가 끝나면, 기업들의 실적 발표 시기earnings season가 되는데 특히 시가총액market capitalization 1위 기업인 삼성전자는 자사의 인터넷 홈페이지를 통해 영어로 국내는 물론 전 세계 투자가들에게 분기 실적quarterly results을 발표하고 Q&A도 실시한다. 실적이 시장예측치market consensus보다 어떠한가에 따라 정도가 클 경우 어닝스 서프라이즈earnings surprise: much better than the market consensus 혹은 어닝스 쇼크earnings shock: much worse than the market consensus라고 표현하는데 바로 주가에 밀접한 영향을 준다.

현명한 투자가가 되기 위해서는 이 순간에 글로벌 기관투자가들institutional investors도 참여하는 삼성전자 실적 발표를 꼭 들어서 시장 흐름market flow을 리드해 나가는 주도자opinion leader가 되도록 노력해 보는 것이 좋다. IMF 경제 위기 이후 경제의 투명성이 높아져 이제는 한국의 대기업들도 공평한 공시fair public disclosure를 하고 있으므로 개인투자가들individual investors도 전문가 못지않게 본인의 노력으로 정보에 접근information access이 가능하다는 것을 명심하자.

KEY WORDS

- **perceive** 인지하다
- **earnings announcement** 실적 발표
- **market consensus** 시장예측치
- **Operating Profit** 영업이익
- **aggressive** 공격적인
- **capex** 시설 투자액
- **profitability** 이익
- **PER** 주가수익비율

EXPRESSIONS

How do you perceive the earnings announcement of SEC?
삼성전자의 실적 발표가 있었는데 어떻게 평가하시나요?

What do you reckon on the actual results of SEC?
삼성전자의 실적 발표를 어떻게 생각하시나요?

What are your thoughts about the OP performance of SEC?
삼성전자의 영업이익 실적을 어떻게 생각하시나요?

 MP3 S02-3

DIALOGUE

A Hi, Breeze! **How do you perceive the earnings announcement of SEC** for the 4th quarter?

B Well, Steve…. It seems better than the market consensus. OP soared 77% on quarter and 50% on year to ₩9.2 trillion, beating the market expectations of ₩8.2 trillion. A definite earnings surprise!

A Huh, that's a relief. I've got too many shares of Samsung Electronics for my clients.

B However, you should know that its capex plan seems too aggressive. I'm concerned about depreciation expenses, which may hurt profitability for next year.

A Really? But who cares about next year? I will take profit later this afternoon if the price goes up due to this announcement.

B It's your call, Steve. But if I were you, I would hold onto the current shares, and buy even more when the share price falls down below ₩2 million. It's still undemanding, only 9 times of PER based on next year's earnings!

A On second thought, I think I'd rather buy more. Thanks!

A 안녕, Breeze! 삼성전자의 4분기 실적 발표가 있었는데 어떻게 생각하나?

B 글쎄 Steve. 시장예측치보다는 더 나아 보여. 영업이익이 전 분기 대비 77%, 전년 대비 50% 증가한 9.2조 원인데 이는 시장 기대치인 8.2조 원을 능가하는 수치이지. 엄청난 실적 서프라이즈야!

A 다행이야. 내 고객들이 삼성전자 주식을 꽤 많이 보유하고 있거든.

B 근데 시설 투자 액수가 너무 공격적으로 많이 잡혀 있다는 점을 알아 둬. 감가상각비가 늘어나게 되어 내년도 이익을 깎아먹을 수도 있다는 게 걱정이야.

A 정말? 하지만 누가 내년을 알겠어? 난 오늘 오후에 발표 난 것 때문에 주가가 오르면 이익을 챙길 거야.

B 알아서 해, Steve. 하지만 내가 너라면 현재 가진 주식은 계속 보유하고 주가가 200만원 이하로 떨어지면 오히려 더 사겠어. 지금도 저평가되어 있는 거야, 우리가 예측하고 있는 내년도 이익대비 주가 수익률이 9배밖에 안 되니까!

A 다시 생각해 보니 오히려 더 사야겠군. 고마워!

---

perceive 인지하다, 지각하다, 느끼다
SEC (Samsung Electronics Corporation) 삼성전자
OP (operating profit) 영업이익   *cf*. RP (recurring profit) 경상이익, NP (net profit) 순익
aggressive (재무제표상에) 평상시보다 매우 높게 계상되어 있는; 공격적인
capex capital expenditure 시설 투자액
PER (price earnings ratio) 주가수익비율 = stock price (주가) ÷ EPS (earnings per share; 주당 순익); PER이 낮을수록 주가가 순익에 비해 저평가되어 있으므로 투자대상으로 적합함

4. We must create a Korean version of 'Goldman Sachs.'

한국판 '골드만 삭스'를 키워 내야만 합니다.

BACKGROUNDER

금융위원회는 '06년 말 기업금융 활성화를 위해 자기자본 기준 4조 원 이상 증권사에 단기금융 업무를, 8조 원 이상 증권사에 종합투자계좌IMA 운용업을 각각 허용하는 자본시장법 시행령 개정안을 입법 예고한 바 있다. 더불어 한국판 골드만 삭스Goldman Sachs; 미국의 대표적인 투자은행 탄생을 위한 초대형 투자은행IB 육성책이 2017년 2/4분기 시행을 목표로 추진되고 있다. 자본가와 기업을 연결해 자금을 공급해 주는 '기업금융' 역할이 과거 개발시대에는 은행에 있었다면, 이제는 이것이 자본시장 중심의 증권사로 이동하는 시발점이 될 수 있다는 기대감이 커지고 있는 것이다. 초대형 IB 육성안에 따라 자기자본 4조 원 이상 증권사는 자기자본의 200% 한도 안에서 자기 어음을 발행할 수 있다. 자기자본 8조원 이상 증권사는 한도 없는 종합투자계좌 등이 허용되어 더 많은 자금을 끌어모을 수 있다. 이렇게 자본을 확보한 증권사들은 보수적인 은행이 과감하게 대출하지 못하는 벤처나, 혁신 기업, 대규모 프로젝트에 모험자본을 공급해 기업이 활용할 수 있도록 하는 역할을 하게 된다.

KEY WORDS

government policy 정부 정책
supporting evidence 증빙자료
IPO 기업공개
right issues 유상증자
Korean version 한국판
financial industry 금융업계

EXPRESSIONS

We must create a Korean version of 'Goldman Sachs.'
한국판 '골드만 삭스'를 키워 내야만 합니다.

I've got a limited knowledge of Goldman Sachs.
골드만 삭스에 대해 잘 몰라요.

This will surely prevent our financial industry from being controlled by gigantic foreign investment banks.
이렇게 하면 우리 금융업계가 거대한 외국 투자은행들에게 지배당하는 것을 막을 수 있습니다.

MP3 S02-4

DIALOGUE

A Heather, what do you think about the problems which the Korean securities industry faces now?

B I can't pinpoint it, Bill, but there seems to be something fishy about the government's policies in the financial sector. Only banks have been favored over the other sectors since the IMF crisis.

A How come? Do you have any supporting evidence for your comment?

B Domestic securities houses have been inactive even in their original finance activities such as IPOs or right issues for corporations. However, banks are expanding their business territories and foreign investment banks are dominating the big M&As in Korea.

A Can you elaborate on this? I don't quite get it.

B What I'm saying is that **we must create a Korean version of 'Goldman Sachs.'** Just like the US Wall Street where investment banks such as Goldman Sachs lead the financial industry, Korea has to set up competitive domestic investment banks. This will surely prevent our financial industry from being controlled by gigantic foreign investment banks.

A Heather, 한국 증권산업의 문제점들을 어떻게 생각하세요?

B 뭐라고 딱 꼬집어 낼 수는 없지만, Bill, 금융업계에 대한 정부 정책에 뭔가 수상한 점이 있는 것 같아요. IMF 위기 상황 이후에 은행들만이 다른 금융 업종에 비해 더 나은 정책 혜택을 누려온 거죠.

A 왜 그런 거죠? 지금 말씀하시는 것에 대한 구체적인 증빙 자료가 있나요?

B 국내 증권사들은 심지어 고유 영역인 기업공개나 유상증자 업무에서도 사업 규모가 줄어들고 있죠. 그러나 은행들은 사업 영역을 확장하고 있고 외국계 투자은행들은 국내 대형 인수·합병 건을 독식하고 있습니다.

A 좀 더 자세히 설명해 주시겠어요? 충분히 이해가 안 되네요.

B 한국판 '골드만 삭스'를 키워 내야만 한다는 말입니다. 골드만 삭스와 같은 투자은행들이 금융산업을 이끌어 나가는 미국의 월가처럼 경쟁력 있는 국내 투자은행을 설립해야 하죠. 그렇게 하면 우리 금융업계가 거대한 외국 투자은행들에게 지배당하는 것을 막을 수 있을 겁니다.

---

fishy about ~이 의심스러운, 수상한, 뭔가 이상한
supporting evidence 참고가 될 만한 증빙 자료
IPO (Initial Public Offering) 기업공개
right issues 유상증자 *opp.* bonus issues 무상증자
Can you elaborate on this? 좀 자세히 설명해 주시겠어요? (=Can you be more specific?)

REVIEW

Please translate this sentence in English using the key words.

1 시장이 상승하려면 어떤 뉴스가 있어야 하나요? (a catalyst)

2 유가 상황이 나아지지 않는 한, 우리 시장은 기껏해야 옆으로 갈 겁니다. 그렇지 않다면, 좀 더 빠질 가능성이 많아요. (unless, if not)

3 우리가 망하느냐 아니면 살아남느냐 하는 상황에 처한 듯합니다. (sink or swim)

4 성함이 어떻게 되세요?(당신을 어떻게 부르면 될까요?) (addressed)

5 여기서 뵙게 되다니 정말 우연이군요. (coincidence)

6 시장예측치보다는 더 나아 보입니다. (concensus)

7 시설 투자 액수가 너무 공격적으로 많이 잡혀 있다는 점을 알아 둬. (its capex plan)

Session 03

Sales Situation
1. **Can I place a buy order?**
   매수 주문 하나 받아 주시겠어요?

Investment Banking Situation
2. **That is true regardless of age or gender.**
   그것은 남녀노소 불문하고 모두에게 해당되는 말이지.

Research Situation
3. **Would it be possible for us to visit your company?**
   저희가 귀사를 방문하고자 하는데 괜찮을까요?

In-street Situation
4. **Don't add insult to injury.**
   그건 날 두 번 죽이는 거야.

1 Can I place a buy order?
매수 주문 하나 받아 주시겠어요?

BACKGROUNDER

증권회사의 매매 데스크dealing desk에서 항상 들을 수 있는 대표적인 대화 내용이다. 간결하지만 현장에서의 긴장감이 느껴진다. 매매 데스크에서 자칫 딴생각daydreaming을 하고 있다가 이런 주문 전화를 받으면 십중팔구 매매 실수dealing mistake를 범하게 되고 그 단위가 클 경우 회사에 많은 손실loss을 입힐 뿐만 아니라 심지어 해고당하는 지경에까지 갈 수도 있다.

따라서 브로커broker는 유가증권marketable securities을 싸게 사고 비싸게 파는 일buy low, sell high도 중요하지만, 고객과의 불필요한 마찰unnecessary conflict을 피하기 위해 모든 전용선 전화fixed line phone에는 녹음voice recording 기능이 있어 녹취가 되고 있다는 것을 주지해야 한다. 특히 매매 주문을 받을 때는 고객에게 꼭 복창하여read back 고객과의 불필요한 분쟁을 방지하여야 한다.

KEY WORDS

place a buy order 매수 주문을 내다
at CD 신중하게
execution 체결
market close 파장
at a limit of ~ or better ~ 이상의 가격에
trade 매매

EXPRESSIONS

Can I place a buy order?
매수 주문 하나 받아 주시겠어요?

Can you buy me 5,000 shares of Hana Bank at VCD?
하나은행 5천 주를 잘 알아서 매수해 주시겠어요? (VCD: very careful discretion)

I'd like to sell 3,000 GDRs of Samsung Electronics preferred.
삼성전자 우선주 3천 GDR을 매도하겠습니다.

 MP3 S03-1

DIALOGUE 1

A Hello, Cassie! Things are getting better today. **Can I place a buy order?**
B Sure, what would you like to buy?
A Please buy me 1,000 shares of Samsung Electronics at CD.
B Thanks! I'll get back to you with the execution after the market close.

A 안녕, Cassie! 오늘 상황이 좋네. 매수 주문 내 줄래?
B 물론이지, 어떤 종목 사고 싶어?
A 삼성전자 1,000주를 가격 보면서 잘 사 주라.
B 고마워! 장 끝나고 체결 보고해 줄게.

CD (careful discretion) 시장을 따라가며 최선의 체결이 되도록 노력해 달라는 말 *cf.* **GTC** (good till cancelled) 체결이 될 때까지 내는 주문, **at market** 시장가 주문
execution 체결

DIALOGUE 2

A Good morning, Sarah. I think it's time to sell. Can I place a sell order?
B A good idea, Allan!
A Can you sell 10,000 shares of Hyundai Motors at a limit of ₩150,000 or better?
B Yes, I will ask my colleague to execute the trade. I'll be leaving the office for the day in a minute. I've got some companies to visit today.
A That's fine. Let me know if you find anything interesting from your company visits.

A 안녕하세요, Sarah. 팔 때가 됐네요. 매도 주문 하나 받아 주시죠.
B 좋은 생각입니다, Allan 씨!
A 현대차 1만 주를 150,000원이나 그 이상에서 매도해 주세요.
B 예, 그렇게 하겠습니다. 매매는 제 동료가 하겠습니다. 저는 곧 나가서 하루 종일 밖에 있어서요. 오늘 방문할 회사가 몇 군데 있습니다.
A 괜찮습니다. 회사 방문하고 관심 가는 것들이 있으면 알려 주세요.

sell order 매도 주문
at a limit of ₩150,000 or better 150,000원이나 더 높은 가격으로
colleague 동료 직원

2 That is true regardless of age or gender.
그것은 남녀노소 불문하고 모두에게 해당되는 말이지.

BACKGROUNDER

최근에 꾸준히 투자가들의 뜨거운 관심을 받는 펀드가 있다. 제약/바이오 업종에 주로 투자하는 헬스케어health care 펀드이다. 헬스케어 관련 산업은 지속적으로 성장하고 있고 ITinformation technology와 융합되면서 성장 가능성이 더욱 커졌다. 따라서 헬스케어 펀드는 어떤 나라보다 고령화가 빨리 진행되는 데다가 저금리 시대를 맞이하고 있는 우리나라에서 전망이 밝다고 본다. 헬스케어 산업의 펀더멘털fundamental; 기초 여건은 경기에 민감하게 반응하지 않기 때문에 전체 주가지수의 등락에 관계없이 접근하기 좋은 투자처라는 게 필자의 견해이다. 전문 의약품과 제약 기술 수출뿐 아니라 바이오, 의료기기, 스마트 헬스케어 등 관련 산업이 지속적으로 성장하고 있기 때문이다.

KEY WORDS

hair loss 탈모
genetic 유전적인
vicious cycle 악순환
cosmetic procedures 미용 시술

EXPRESSIONS

It is a popular song, regardless of age or gender.
그것은 남녀노소를 불문하고 인기 있는 노래이다.

His character is not genetic.
그의 성격은 유전적인 것이 아니다.

I was caught in a vicious cycle, and everything got worse.
나는 악순환에 빠졌고 모든 것이 악화되었다.

 MP3 S03-2

DIALOGUE

A As I've gotten older, I've been suffering from hair loss. It's really stressful.

B Look, baldness is genetic, not your fault. Stop obsessing. You look just fine.

A I don't think my problem is genetic. I lose more hair because of stress. Then I get stressed out because of the hair loss. It's like a vicious cycle. The bigger problem is I look older than my age.

B **That is true regardless of age or gender.** Among Koreans there is a strong desire to have a baby-face. It seems like everyone wants to look young.

A That's why they invest a lot in skin products, skin care or cosmetic procedures to look younger.

B No wonder the health care funds are hugely outperforming any other funds nowadays.

A For me, they are too expensive. I can't justify the costs, either. I guess the only treatment is to be less self-conscious.

A 내가 나이가 들면서 탈모에 시달리고 있어. 진짜 스트레스를 받고 있지.

B 이봐, 대머리는 유전이지, 네 탓이 아니야. 너무 신경 쓰지 마. 멀쩡해 보이는데.

A 내 문제는 유전적인 게 아닌 것 같아. 스트레스 때문에 머리가 더 많이 빠지는 것 같아. 그러고 나면 탈모 때문에 더 스트레스를 받지. 악순환 같은 거랄까. 더 큰 문제는 내 나이보다 더 나이 들어 보인다는 것이지.

B 남녀노소 불문하고 맞는 말이야. 한국 사람들은 동안에 대한 열망이 강하잖아. 마치 모두가 어려 보이고 싶어 하는 것 같아.

A 그러니까 더 젊어 보이려고 피부제품, 피부관리 또는 미용 시술에 큰 투자를 하는 거지.

B 요새 헬스케어 펀드 수익률이 다른 펀드들보다 훨씬 잘나가는 이유를 알겠군.

A 내 생각에 그런 것들은 너무 비용이 높아. 그만한 가치가 있다는 생각도 안 들고. 그냥 남의 눈을 덜 의식하는 것이 유일한 해법 같네.

---

genetic 유전인
obsess (어떤 생각이 사람의 마음을) 사로잡다, ~ 생각만 하게 하다
get stressed out 스트레스를 받다
self-conscious 남의 시선을 의식하는

3. Would it be possible for us to visit your company?
저희가 귀사를 방문하고자 하는데 괜찮을까요?

BACKGROUNDER

상장기업listed company의 IR투자설명회은 주주 우호 정책shareholder-friendly policy의 기본적인 업무 중 하나이다. IR은 보통 해당 기업의 재경부accounting department, 기획실planning and control department 또는 별도의 IR 부서에서 그 임무를 수행하며 시기적절한timely 공시disclosure를 통해 실적results이나 사업 계획business plan을 투자가에게 인지시키고 기업의 투명성transparency 제고에 기여한다.

최근에는 기업 지배구조corporate governance가 투명한 기업의 주가가 그렇지 않은 회사의 주가보다 더 높이 상승하는 경향이 있으며, 기업의 IR 담당자는 투자가가 방문할 때나 전화 대화를 할 때 회사를 대표하여 항상 투자가에게 공손하고 친절한 언행으로 회사의 주인인 주주shareholder의 이익interest을 보호한다는 확고한 인상을 남기도록 최선을 다해야 한다.

KEY WORDS

Investor Relations 투자설명회
available 이용 가능한
shareholder 주주
business performance 영업 실적
concerns 우려
situation 상황

EXPRESSIONS

Would it be possible for us to visit your company?
저희가 귀사를 방문하고자 하는데 괜찮을까요?

If you don't mind, can I visit you with a client of mine?
괜찮으시면 고객과 함께 탐방해도 될까요?

I'd appreciate it if you can just give me a return call regarding my company visit request.
저의 회사 방문 신청에 대해 전화 한 통만 주시면 고맙겠습니다.

 MP3 S03-3

DIALOGUE 1

(On the phone)
A   This is Tide, the power grid company.
B   Can I speak to someone who is in charge of Investor Relations for your company?
A   I'm the one who handles the matter. What can I do for you?
B   **Would it be possible for us to visit your company?**
A   Sure. We'll be available at 5 p.m. next Monday.
B   Sounds terrific! I look forward to seeing you on that day.

A   파워그리드 회사 타이드입니다.
B   투자설명회 담당자와 통화할 수 있을까요?
A   제가 그 일을 담당하고 있는데요. 무얼 도와드릴까요?
B   저희가 귀사를 방문하고자 하는데 괜찮을까요?
A   물론이죠. 다음 주 월요일 오후 5시에 가능합니다.
B   아주 좋습니다! 그날 뵙도록 하겠습니다.

in charge of ~을 담당하는, ~의 책임을 맡고 있는
Investor Relations (IR) 투자설명회
Would it be possible for someone to do something? (극히 공손하게) ~가 …을 할 수 있나요?

DIALOGUE 2

(On the phone)
A   I'm a shareholder of your company. I am a little concerned with your recent business performance.
B   We share your concerns about the situation we face now.
A   So, **would it be possible for us to visit your company?**

A   저는 귀사의 주주인데요. 최근의 영업 실적에 대해 좀 걱정이 됩니다.
B   저희도 현 상황에 대해 만족하지 않으신다고 하니 유감입니다.
A   그래서 저희가 귀사를 방문하고자 하는데 괜찮을까요?

We share your concerns about 귀하의 ~에 대한 걱정을 이해합니다 (상대방이 다소 언짢아하는 것이 보일 경우 상대방의 감정을 다소 누그러뜨리려고 자기 생각을 나타낼 때 쓰는 표현)
situation 상황 (대화에서는 다소 안 좋은 상황일 때 쓰는 경우가 많음)

4. Don't add insult to injury.
그건 날 두 번 죽이는 거야.

BACKGROUNDER

증권시장의 3대 주체(외국인, 기관, 개인) 중 하나인 외국인들의 지분은 국내 주식시장(유가증권시장, 코스닥시장)에서 시가총액 기준으로 '16년 6월 말 437.4조 원으로, 이는 전체 시장의 30% 가까이를 차지한다. 통계청의 '외국인 증권투자 동향 분석'에 따르면 '97년 IMF 경제 위기 이후 주식투자한도 확대('97년 12월) 및 폐지('98월 5월)에 따라 '03년까지 외국인 증권투자 비중이 크게 확대되어 41.2%의 정점을 찍은 후 지난 15년 동안 외국인 보유 비중은 30% 전후로 머물러 있는 추세에 있다.

외국인 투자가들은 장기 투자의 성격이 강해 투자를 할 때 항상 배당에 대한 요구도 염두에 두는데, 일례로 정부가 '14년 기업들의 배당 확대 정책을 도입한 이후 3년간 10대 그룹 상장사들이 외국인 주주들에게 지급한 현금 배당액이 15조 원에 이른다고 한다. (출처: 연합뉴스, 2017년 2월 19일) 그들은 보유주식stock holdings 주가 상승에다 원화 강세won strength에 따른 환차익currency gains을 고려하면서 배당금dividend income 수령으로 투자 수익률을 제고하고 있는 것이다.

* **외국인 보유금액** foreign holdings 금융감독원에 투자 등록한 외국인이 취득한 상장 주식의 기준일 현재 시가로 평가한 금액
* **시가총액** market capitalization 전 상장주식을 시가로 평가한 총액으로 주식시장이 어느 정도 규모를 가지고 있는가를 나타내는 지표

KEY WORDS

capital gains 매매차익
dividend income 배당금 수입
currency appreciation 환차익
fundamentals 내재가치
short-term market sentiment 단기 시장 분위기

EXPRESSIONS

Don't add insult to injury.
그건 날 두 번 죽이는 거야.

Killing two birds with one stone.
일석이조

Old habits die hard.
제 버릇 남 주랴.

MP3 S03-4

DIALOGUE

A What would you like to drink?
B Scotch on the rocks, please.
C Make it two!
B What's with you? You don't look good.
C Don't ask. I was a flash in the pan. I lost all of my gains from investing into KOSDAQ early this year. I'm now almost broke. So I got hammered last night.
B Hey, come on! Easy come, easy go. Anyways, have you read an article that over the past 2 years, foreign investors have made a total gain of ₩71 trillion from capital gains, dividend income and currency appreciation in our equity market?
C **Don't add insult to injury.** Who are these foreign investors? How can they make such a huge amount of money while I am always losing?
B To answer your question, first, they are gwei-los, which means foreign devils in Cantonese. Second, they believe in fundamentals and invest their money by the book whereas you believe in rumors and follow short-term market sentiment. However, always look on the bright side. If you make a mistake, learn from it.
C Oh, come on. Stop acting like you know everything. Anyway, bottoms up!

A 무엇을 드시겠습니까?
B 위스키에 얼음 넣어 주세요.
C 저도 똑같은 걸로 주세요.
B 무슨 일 있어? 얼굴이 말이 아니네.
C 묻지 않는 게 좋아. 나 완전히 첫 끗발이 개끗발 됐어. 올해 초에 코스닥에서 번 돈 다 날려 버렸어. 이제 거의 빈털터리야. 그래서 어제 술 마시고 맛이 갔던 거야.
B 잘 논다. 뭐든 쉽게 얻은 건 쉽게 잃는 거야. 어쨌든 그 기사 읽어 봤니, 외국인이 2년 사이 주가 상승, 배당금, 환차익으로 국내 주식시장에서 71조나 벌어 갔다는 내용인데?
C 그건 날 두 번 죽이는 거야. 이 외국인 투자가들은 도대체 누구야? 난 이렇게 맨날 날리는데 그 사람들은 어떻게 해서 그렇게 많은 돈을 버는 거지?
B 먼저 그 사람들을 광둥어로 그왈로라고 하는데, 외국에서 온 악마라는 뜻이지. 둘째, 외국투자가들은 내재가치를 믿고 원리원칙대로 투자를 하는 반면 너는 소문을 믿고 단기 시장 분위기를 따라 가면서 투자를 한다는 거지. 하지만 항상 좋게 생각해. 실수를 했다면 교훈을 얻으라고.
C 그만해라. 제발 잘난 척 좀 그만해. 어쨌든, 원샷!

a flash in the pan 어처구니없는 시도, 용두사미, 한때의 명성 *cf.* flash 섬광, 번쩍임
broke 파산한, 무일푼의 *cf.* go broke 빈털터리가 되다
currency appreciation 환차익 *opp.* currency depreciation 환차손
Cantonese 광둥어 (홍콩 중국어) *cf.* Mandarin 북경어(본토 중국어)
short-term market sentiment 단기 시장 분위기 (=momentum)

REVIEW

Please translate this sentence in English using the key words.

1 매수 주문 하나 받아 주세요. (place)

2 그것은 남녀노소 불문하고 맞는 말이지. (regardless of)

3 요새 헬스케어 펀드 수익률이 다른 펀드들보다 훨씬 잘나가는 이유를 알 수 있군. (hugely outperforming)

4 저희도 현 상황에 대해 만족하지 않으신다고 하니 유감입니다. (share your concerns)

5 나는 어제 술 마시고 맛이 갔어. (hammered)

6 그건 날 두 번 죽이는 거야. (insult)

7 제발 잘난 척 좀 그만해. (acting)

Session 04

Sales Situation
1. **I'm now really interested in POSCO.**
   이제 포스코 주에 관심이 많아졌어요.

Investment Banking Situation
2. **I've got to review the voice recording of the trade.**
   그 매매 관련 녹취를 들어 봐야 되겠군.

Research Situation
3. **That's the name of the game.**
   그것이 문제의 핵심이다.

In-street Situation
4. **Yawning is contagious. If you don't stop, I'll soon start, too.**
   하품은 옮는 거야. 네가 멈추지 않으면 나도 금방 따라 하게 될 거야.

1 I'm now really interested in POSCO.
이제 포스코 주에 관심이 많아졌어요.

BACKGROUNDER

이론적으로 적정주가는 미래 이익전망의 현재가치 합인 펀더멘털fundamental을 반영해야 하지만 실제주가는 펀더멘털을 반영한 적정주가와 괴리를 보이는 것이 일반적인 현상이다. 또한 주가는 기대치를 반영하여 형성되므로 기대치가 바뀔 때 주가도 움직인다. 따라서 기대치를 형성하는 수익예상의 신뢰도가 아주 중요한데 이를 위해 기본적인 기업가치 평가방법을 알 필요가 있다. 기업가치 평가방법의 종류에는 1)자산가치: 청산가치liquidated value, 장부가치book value, 시장평가가치market value, 2) 수익 가치: 미래 잉여현금흐름을 할인한 평가방법DCF; discounted cash flow model과 미래 EVAeconomic value added의 할인 평가방법discounted EVA model, 3) 상대가치: 주가수익비율PER; price earnings ratio, 주가순자산비율PBR; price book ratio, 주가매출액비율PSR; price sales ratio 등이 있다. 이외에도 기본적으로 알고 넘어가야 할 항목들인 이자율 상승기의 수혜 여부, 원자재 상품 가격추이, 자기자본 이익률, ROEreturn on equity, 배당수익률dividend yield, 그리고 해당 기업이 항상 주주를 위하고 투명한 경영과 적절한 공시정책을 집행하는지도 실제 주가 움직임에 영향을 줄 수 있다.

KEY WORDS

notice 알아차리다
counter 종목
beneficiary 수혜자
undemanding 저평가된

EXPRESSIONS

I'm now really interested in POSCO.
이제 포스코 주에 관심이 많아졌어요.

I'm really interested in the steel sector.
저는 철강 업종에 정말로 관심이 많아요.

I'd like to know more about POSCO.
포스코에 대해 좀 더 알고 싶습니다.

DIALOGUE

A I've noticed that steel prices have been trending upwards lately in line with commodity price hikes, such as iron ore, coal and copper. These ascents should remain on the predictions of higher inflation and the US's ongoing economic recovery.

B Yes, you're right. Perhaps you should focus on POSCO. It is perceived as one of the strong beneficiaries during the key interest rate upcycle periods. For example, the US steel prices jumped during all three of the US interest rate upcycle periods seen since the 1990s.

A **I'm now really interested in POSCO.** Tell me more!

B Yes, we boost our '17 and '18 EPS projections for POSCO by 11.2% and 21.5% respectively, noting: 1) ongoing steel product ASP hikes alongside a recent uptrend in global steel prices; and 2) continued earnings improvement at its non-steel division. Reflecting these changes, we raise our target price from ₩320,000 to ₩420,000, trading at 14.6x on '17 prospective earnings. Thus, we maintain a buy stance.

A It appears to be really undemanding. I'd like to buy some before the results come out.

A 철강 가격이 최근에 철광석, 석탄, 원유 그리고 구리 같은 상품 가격과 동반 상승하고 있어요. 이런 상승 흐름은 향후 물가가 오르리라는 예측과 더불어, 현재 진행 중인 미국의 경기 회복에 맞추어 계속 이어지리라 봅니다.

B 예, 맞습니다. 포스코에 집중해 보는 것도 좋을 겁니다. 이자가 상승하는 시기에 강세 수혜종목으로 알려져 있죠. 이와 비슷하게 지난 1990년 이후 세 번에 걸쳐 금리가 인상되었는데, 이때 미국 철강 가격이 급등한 적이 있습니다.

A 포스코에 관심이 생기는데요. 좀 더 말씀해 주세요!

B 예, 우리는 '17과 '18년 EPS가 각각 11.2%와 21.5% 증가할 것으로 예측하는데 이는 첫째, 글로벌 철강 가격 상승에 따른 지속적인 평균 판매단가 상승, 둘째, 지속적인 비철강 제품의 수익성 개선에 따른 것입니다. 이런 변화를 반영하여, 목표주가를 32만 원에서 42만 원으로 상향했는데 이는 '17년 추정 이익 기준 주가수익 비율 14.6배에 해당되지요. 따라서 매수 의견을 유지합니다.

A 굉장히 저평가되어 있군요. 실적 발표 전에 좀 사 두어야겠네요.

---

notice 알아채다, 인지하다 (=perceive), ~에 유의하다
commodity prices 상품 가격, 물가
counter (주식 등의) 한 종목
beneficiary 수혜자, 수혜를 입는 종목
ASP (average selling price) 평균 판매단가
14.6x (14.6 times) 14.6배
undemanding 저평가된

2. I've got to review the voice recording of the trade.
그 매매 관련 녹취를 들어 봐야 되겠군.

BACKGROUNDER

매매 데스크dealing desk에서 사용되는 전용선 전화fixed line phone는 고객과의 의사소통communication에 문제가 생겨 분쟁dispute이 일어나는 것을 막기 위해 녹취voice recording가 필수적이다. 따라서 매매 관련 대화를 할 때에는 반드시 개인 이동전화personal mobile phone 대신 전용선을 사용하도록 규정되어 있다. 물론 효과적인 의사 전달 능력effective communication skills이 완벽하다면 불필요한 분쟁이 생기지 않겠지만, 사람인 이상 어느 프로 중개인professional broker이라도 이런 종류의 매매 실수dealing mistake를 경험하게 된다.

또한 글로벌 기관투자가의 매매 체결 시에 해당 주문의 비밀 유지도 중요한 요소로서 부주의에 의한 과실로 시장에 비밀이 알려지기라도 하면 해당 고객은 즉시 과실 책임과 재발 방지를 요구하게 된다. 170쪽에는 그와 같은 상황이 발생한 다음에 브로커가 고객에게 사과하는 내용의 편지가 나와 있다.

KEY WORDS

- **situation** 상황
- **execution** 체결 보고
- **instruction** 지시
- **voice recording** 녹취
- **client** 고객
- **dealing mistake** 매매 실수

EXPRESSIONS

I've got to review the voice recording of the trade.
그 매매 관련 녹취를 들어 봐야 되겠군.

I'm in a situation I need to find out what your client said exactly over the phone.
손님이 전화로 정확히 뭐라고 말했는지 알아봐야 하는 상황이네요.

I should look into all the phone conversation during the time period.
저는 그 당시에 주고받았던 모든 전화 대화를 조사해야 합니다.

 MP3 S04-2

DIALOGUE

A Zayoung, I've got a situation here. I need your help.
B Sure, what's up?
A One of my clients is giving me a hard time. She said she cannot accept my execution because I did not fully follow her instructions on this particular trade.
B Oh boy, this would be a problem. Just tell me when she placed the order. **I've got to review the voice recording of the trade.**
A I hope this is not a major dealing mistake. You know that she is a big client.
B No worries. If worst comes to worst, it's only a matter of money.
A I hate situations like this. I should be more careful with placing orders.

A 자영, 문제가 생겼어. 좀 도와주라.
B 당연히 도와드려야죠. 무슨 일이에요?
A 고객 하나가 괴롭히고 있어. 주문 낼 때 자기가 얘기한 사항대로 체결하지 않았다고 체결 보고에 대해 이의를 제기하네.
B 흠, 제대로 걸리셨군요. 언제 주문 내셨는지 그거나 말해 보세요. 그 매매 관련 녹취를 들어 봐야 되겠네요.
A 크게 실수한 게 아니었으면 좋겠네. 알다시피 큰 고객이라서.
B 걱정 마세요. 최악의 상황이 벌어지더라도 결국 돈 문제일 뿐이잖아요.
A 아 진짜 이런 상황이 싫어. 주문 낼 때 이제 정신 바짝 차려야겠어.

---

situation 좋지 않은 상황
give someone a hard time ~를 혼내다, 괴롭히다
instruction (주문 관련 가격, 수량, 매매 시기 등에 관련된) 지시
dealing mistake 매매 관련 실수
(if) worst comes to worst 최악의 상황이 벌어지더라도

3 That's the name of the game.
그것이 문제의 핵심이다.

BACKGROUNDER

미국 연방준비제도FRB; the Federal Reserve Board가 기준금리benchmark interest rate를 인상하자 한국 외환시장에서 달러 대비 원화 환율won dollar rate이 큰 폭으로 내려갔다. 연준이 기준금리를 0.25% 포인트 올리면서 인상 속도를 완만히 유지하겠다는 '신호'를 주자 빠른 금리 인상 우려로 크게 올라 있던 환율이 하락한 것이다. 또한 가파른 금리 인상을 걱정했던 우리나라 증시에도 안도감이 퍼지면서 코스피KOSPI가 오히려 힘을 받으며 상승했는데 이는 보통 이자율 상승이 주가 하락을 유발하는 효과와는 반대되는 현상이 벌어진 것으로 볼 수 있다. 점진적인 금리 인상 자체가 미국 경기가 살아나고 있다는 신호라는 점에서 우리 증시가 탄력을 받을 가능성도 있다. 특히 금리 인상의 수혜를 직접 받는 금융주와 화학, 철강주 등 '경기 민감주cyclical stocks'가 주목을 받고, 경기 회복 기대감으로 정보기술IT, 건설, 기계, 조선, 해운 업종 기업도 금리 인상기에 투자 선호 종목으로 분류된다. 반면 유틸리티(수도, 전기, 가스 등), 통신 같은 경기 '방어주defensive stocks'는 수익률이 상대적으로 기대에 못 미치게 된다. 강 달러strong dollar로 환차손capital loss in currency을 입을 수 있는 항공주도 투자에 신중할 필요가 있다. (출처: "미 금리 3%까지 올린다", 조선일보 조선경제, 2017년 3월 17일)

KEY WORDS

dollar weakness 달러 약세
account deficit 경상적자
get crushed 붕괴되다
IT shares 기술주
economic downturn 경제불황

EXPRESSIONS

That's the name of the game.
그것이 문제의 핵심이다.

That's exactly what it is.
그것이 정확히 내가 말하려고 하는 바이다.

That's precisely my bottom line.
그것이 바로 나의 핵심 이야기지.

 MP3 S04-3

DIALOGUE

A Clair! Have you heard about what the chairman of the FRB said overnight in the US?

B Yes, I have, Max. He said something about the current dollar weakness. He seems to admit that the current trend makes sense, considering the enormous current account deficit of the US government.

A No wonder our equity market got crushed today! Particularly, IT shares were even weaker because of his remark on the US dollar weakness.

B **That's the name of the game.** Unless the Won weakens against the USD, our IT shares won't be strong because their profitability will be squeezed.

A I fully agree with you. Export is the key to success for Korea under this economic downturn.

B According to a foreign investment bank's report, Samsung Electronics' EPS will decrease by 3-4% if the Won/Dollar falls by ₩50.

A Wow, that sounds pretty significant!

A Clair, 어젯밤 미국 연준 의장이 한 말 들었어?

B 그래, 들었어, Max. 현재 달러 약세에 대해 언급했지. 그의 말은 미국의 현재 경상적자 규모가 커서 현재의 달러 약세 추세를 용인한다는 것처럼 들리더라고.

A 그래서 오늘 우리 주식시장이 급락한 거야. 특히 그의 달러 약세 말 한마디에 기술주들이 더 많이 빠졌다고.

B 그것이 문제의 핵심이지. 원달러율이 상승하지 않는 한 IT 관련 수출 기업들은 채산성 악화로 이어지기 때문에 우리 기술주들은 주가 상승이 어려울 거야.

A 나도 전적으로 동감해. 수출은 이런 경제불황에 있는 한국으로서는 성공의 돌파구라 볼 수 있지.

B 어떤 외국계 투자은행의 보고서에 의하면, 삼성전자는 달러당 원화가 50원 절상되면 주당 순이익이 3-4% 감소할 거래.

A 와, 굉장히 큰 영향을 받는군!

---

dollar weakness 달러 약세, 달러화의 가치하락 (=depreciation of the dollar)
admit 허락하다, 용인하다, 시인하다
current account deficit (국제 수지에서) 경상수지 적자 *opp.* current account surplus 경상수지 흑자
get crushed (주식시장이) 폭락하다, 급락하다, 붕괴하다
USD (US dollar) 미국 달러
IT shares Information Technology 주식들 (DRAM, LCD, PDP, cellular phone, home appliances (가전제품), telecom equipment (통신장비) 관련 기업의 주식)
economic downturn (경제의) 경기침체; 하락; 내림세

4. Yawning is contagious. If you don't stop, I'll soon start, too.

하품은 옮는 거야. 네가 멈추지 않으면 나도 금방 따라 하게 될 거야.

BACKGROUNDER

필자의 현장 경험으로 볼 때, 우리나라에서 자사주를 매입할 경우 매입한 자사주를 완전히 소각하는 기업은 삼성전자 등 아주 소수의 기업 외에는 거의 없어 보인다. 우호 지분 확보 차원에서 자사주 매입을 주주 환원의 수단이 아니고 대주주 지분율 관리용으로 활용하는 경우가 많다는 것이다. 특히 대주주의 지분율이 낮을 경우, 또는 자사주를 보유하고 있을 때 주가가 오를 경우, 마지막으로 자금 사정이 여의치 않을 때 자사주를 팔아서 현금화하는 경우가 해당된다. 기업이 자사주 매입을 자산 운용의 형태로 활용하는 것은 단기적인 주가 안정에는 기여할 수 있지만, 완전 소각이 전제되어야만 진정한 의미의 주주 환원 정책이라고 볼 수 있다. 이를 공식화하자면, PER = Share price/EPS, EPS = Net Profit/# of shares outstanding으로 나타낼 수 있다. 즉 자사주 소각을 하면 분모의 유통주식수가 감소하므로 EPS가 늘고, 분모의 EPS가 상승하니 결국 PER이 감소하므로 주가가 상대적으로 저평가되어 있음을 알리게 되어 주가 상승에 도움이 되는 것이다.

최근에는 주주행동주의 이슈로 부각된 자사주 매입과 배당 확대가 글로벌 헤지펀드 중심으로 한국 기업에 요구되고 있다. 배당 확대와 관련해서는 몇 년 전부터 시장에서 과다하게 현금을 보유한 대기업을 중심으로 배당 성향을 높이라는 압력이 있어 왔다. 그러나 회사의 성장 곡선에 따라 차이가 분명 존재하고, 때로는 외국 기관투자가가 주주 우호 정책을 앞세워 단기 수익에 주력하여 결국 기업 경쟁력을 악화시키는 결과를 초래하기도 하므로 이에 대해 일반 투자가의 주의가 요구되기도 한다.

KEY WORDS

corporate actions 기업 활동   **shareholder-friendly** 주주 우호적인

EXPRESSIONS

I just can't stop yawning.
하품을 멈출 수가 없어요.

I'd tell you about corporate actions which are perceived as shareholder-friendly.
주주 우호적으로 비춰지는 기업 활동에 대해 말씀해 드리겠습니다.

I'd say there are some positive actions in favor of the company which can be expressed materially in the financial statements.
회사 재무제표 수치에 긍정적인 영향을 끼치는 활동들이 있다고 할 수 있지요.

DIALOGUE

A Hmm. I just can't stop yawning.

B Oh well, you should at least cover your mouth! Why don't I tell you about corporate actions which are perceived as shareholder-friendly, so that you can stop yawning?

A Sorry. I didn't mean to be so rude, but I stayed up all night. Anyway, that sounds like a really interesting topic. Tell me what those actions are.

B Basically, I'd say there are some positive actions in favor of the company which can be expressed materially in the financial statements: 1. Long term corporate actions in relation to 'green revolutions' or 'social responsibility.' 2. Sound corporate governance in terms of shareholder structure. 3. Transparent corporate actions including accounting treatment. 4. Top management quality, ethics and philosophy.

A I'm all ears. But honestly, I'm about to collapse.

B I know, but **yawning is contagious. If you don't stop, I'll soon start, too.**

A 흠, 하품을 멈출 수가 없어.

B 최소한 입은 가려야지! 네가 하품을 좀 멈추게 주주 우호적으로 비치지는 기업 활동에 대해 말해 줘야겠다.

A 미안해, 무례하게 굴려는 건 아니었어. 하지만 어젯밤에 한숨도 못 잤거든. 어쨌든 흥미로운 주제 같네. 그 기업 활동이 뭔지 말해 줘.

B 회사 재무제표 수치에 긍정적인 영향을 끼치는 활동들이라고 할 수 있지. 예를 들면 첫째, '녹색 혁명'이나 사회적 책임과 관련된 장기적인 정책, 두 번째, 주주 구성과 관련된 바람직한 지배구조, 세 번째, 투명한 회사 회계 정책, 네 번째, 최고 경영자의 자질, 윤리 그리고 철학 등이 있어.

A 나 잘 듣고 있어. 근데 솔직히 더 졸리다.

B 알아, 그런데 말야, 하품은 옮는 거거든. 네가 멈추지 않으면 나도 금방 따라 하게 될 거야.

---

corporate actions 기업 활동
shareholder-friendly 주주 우호적인
green revolution 녹색 혁명
governance 지배, 관리 방식
ethics 윤리
I'm all ears. 나 잘 듣고 있어.
contagious 전염되는

REVIEW

Please translate this sentence in English using the key words.

1 뭔가 알게 되면, 제일 먼저 알려 드리죠. (come up)

2 실적 발표 전에 좀 사 두어야겠네요. (the results)

3 그 매매 관련 녹취를 들어 봐야 되겠네요. (I've got to)

4 그래서 우리 주식시장이 급락했군. (got crushed)

5 하품은 옮는 거야. (contagious)

6 주주 우호적으로 비춰지는 기업 활동에 대해 말해 줘야겠다. (shareholder-friendly)

Session 05

Sales Situation
1. **What happened to the overnight Korean Euro-paper market?**
   밤새 한국물 동향이 어떠했나요?.

Investment Banking Situation
2. **KT&G is set to buy 10 million shares for cancellation.**
   KT&G는 1천만 주를 소각하기 위한 매수 준비가 다 되어 있다.

Research Situation
3. **What's the market cap of the combined KOSPI and KOSDAQ vis-à-vis Korea's GDP?**
   한국의 GDP 대비 거래소와 코스닥 시장을 합한 시가총액은 어느 정도인가요?

In-street Situation
4. **If you say so, I'll think about sticking around in this company.**
   그렇게 말씀하시니, 이 회사에 좀 더 다니는 것을 생각해 볼게요.

1. What happened to the overnight Korean Euro-paper market?
밤새 한국물 동향이 어떠했나요?

BACKGROUNDER

서울이나 홍콩 등 아시아권의 증권회사 매매 데스크에서는 아침에 출근하여 업무를 시작할 때 지난밤의 뉴욕 동향을 확인한다. 특히 한국물Korean Euro-paper 동향은 국내 증시에도 다음날 시초가opening price에 영향을 줄 수 있다. 뉴욕에 ADRAmerican Depositary Receipts 형식으로 상장되어 있는 한전, 포스코, 국민은행 등은 그날 미국 내 시장 영향을 받지만 해당 주식underlying shares, 원주 가격과도 서로 영향을 주고받으면서 서로의 가격차를 premium 또는 discount로 나타내어 거래된다.

삼성전자는 뉴욕에 아직 상장되어 있지 않아 시장 조성자market maker에 의해 GDRGlobal Depository Receipts 형태로 장외OTC market에서 거래된다. 하지만 국민은행처럼 ADR은 장내 시장뿐 아니라 market maker를 통해서도 거래된다. 국내투자가들은 접하기 어려운 상품이지만 최소한 어느 기업이 DR을 발행해서 거래되고 있는지 알아 두면 해당 원주underlying shares가 갑자기 큰 물량으로 거래될 때에 혹시 DR 연계 차익매매arbitrage가 아닌지 유추해볼 수 있다. (부록 174쪽 참조)

KEY WORDS

bullet points 요점
morning brief 오전 브리핑
Korean Euro-paper market 한국물 시장
ADR 미국예탁증권
GDR 해외주식예탁증서
underlying shares 원주
booking 장부기입

EXPRESSIONS

What happened to the overnight Korean Euro-paper market?
밤새 한국물 동향이 어떠했나요?

What the hell was going on with Kookmin GDRs overnight in New York?
도대체 밤새 뉴욕에서 국민은행 GDR에 무슨 일이 생긴 거야?

What caused a 3% point premium increase in Hynix GDR?
하이닉스 GDR이 무엇 때문에 3% 포인트 프리미엄이 증가했나요?

DIALOGUE

A Hi, Melissa. This is Peter. Let me just give you the bullet points this morning.

B Peter, before your morning brief, I've got to ask you somthing. **What happened to the overnight Korean Euro-paper market?**

A Overall, it was mixed since KEPCO and POSCO ADRs were down, but most of bank GDRs were up. For Samsung Electronics, Sammie 1 closed up, while the underlying share was down, so that premium got bigger.

B If that is the case, give me your price for POSCO.

A 62.5–65.5.

B O.K. I want to sell 50,000 GDRs. Give me a better price.

A 63.0. Are you happy?

B Done! I'll get back to you later with the bookings for this trade.

A Melissa 씨, 안녕하세요. Peter입니다. 오늘 아침 요점만 말씀드릴게요.

B Peter 씨, 오전 브리핑 전에 먼저 물어볼 것이 있는데요. 밤새 한국물 동향이 어떠했나요?

A 전체적으로 한전과 포스코 ADR은 내리고 은행 GDR들은 대부분 올랐죠. 삼성전자의 경우 우선주 원주는 내렸어도 우선주 GDR은 올라서 프리미엄은 더 커졌죠.

B 그렇다면 포스코 매수 매도 가격 좀 알려 주실래요?

A 62.5와 65.5입니다.

B 좋아요. 5만 개 팔 거니까 가격 좀 잘 봐주세요.

A 63.0은 괜찮아요?

B 좋아요, 체결되었습니다! 이 매매 관련 계좌 정보는 이따 알려 드리겠습니다.

Korean Euro-paper 한국물: 해외증시에 상장되어 있는 한국 관련 유가증권
DR (Depositary Receipts) 주식예탁증서: 해외투자가의 편의를 위해 기업이 해외에서 발행하는 유가증권대체증서. 증권예탁원이나 외국환은행 등 국내 원주 보관기관에 DR의 원주를 보관하고 해외예탁기관은 이를 DR로 발행함.
ADR (American Depositary Receipt) 미국예탁증권
GDR (Global Depositary Receipts) 해외주식예탁증서
Sammie 1 삼성전자 우선주 *cf.* Sammie 2 삼성전자 보통주
booking 장부기입: 매매가 이루어진 후 계좌정보를 고객에게 받는 일

2. KT&G is set to buy 10 million shares for cancellation.
KT&G는 1천만 주를 소각하기 위한 매수 준비가 다 되어 있다.

BACKGROUNDER

주요 경영정보를 법률이나 거래소 규정에 의거해 제도적으로 공시하는 것이 적시공시 timely disclosure라고 한다면 IR Investor Relations은 상대적으로 자발적인 공시라고 할 수 있다. 기업 지배구조 측면에서는 글로벌 경영에 따른 지배구조를 강화하기 위해 IR 활동과 공시를 통해 경영 투명성을 높임으로써 지배구조 개선의 효과를 얻을 수 있다. IR의 대상은 기업의 투자가를 비롯한 모든 이해관계자들이며, 기업은 IR을 통해 이들에게 자사의 비전과 경영활동을 투명하게 공시함으로써 시장으로부터 적절한 평가를 받고자 노력한다.

IR의 개최 방법으로는 개별 미팅 및 소그룹 미팅, 기업설명회 그리고 컨퍼런스 콜 등이 있다. 최근에는 일부 기업들이 인터넷 생중계 방식을 이용하기도 한다. IR에서 중요한 것은 기업의 굿뉴스는 물론이고 배드뉴스도 적극적으로 알리는 것이 기업의 책임이라는 점이다. 이는 궁극적으로 기업에게 부정적인 결과를 안겨 준다기보다는 오히려 투자가로 하여금 기업에 대한 신뢰를 더욱 두텁게 하도록 한다.

한국거래소 Korea Exchange는 주식예탁증서 DR, 전환사채 CB; convertible bond, 신주인수권부사채 BW; bond with warrant 등을 해외에서 발행하는 기업과 외국인 지분이 20% 이상인 기업 그리고 하루 주식매매 물량 daily turnover 중 외국인 비중이 높은 기업 등에 영문 공시를 권고하고 있다. 이에 따라 상장기업들의 영문 공시가 크게 늘어나고 있는 추세이며, 특히 KT&G는 그런 활동이 많은 상장기업이다.

KEY WORDS

EPS 주당 순이익
overhang 물량 부담
net cash inflow 순현금유입
share-buyback 자사주매입

EXPRESSIONS

KT&G is set to buy 10 million shares for cancellation.
KT&G는 1천만 주를 소각하기 위한 매수 준비가 다 되어 있다.

KT&G announces its effort to buy 10 million own shares to write off.
KT&G가 자사주 1천만 주를 소각하기 위해 매수 노력을 발표하다.

KT&G is ready to cancel its treasury stock in an attempt to increase the shareholder's value with 10 million shares.
KT&G는 주주가치 증대의 일환으로 1천만 주에 해당하는 자사주를 소각하려는 준비가 되어 있다.

MP3 S05-2

DIALOGUE

A It's like "Killing two birds with one stone."

B What are you talking about?

A Look at this article! It says, "**KT&G is set to buy 10 million shares for cancellation.**" They are buying these shares from IBK for ₩328 billion. This plan seems much bigger than my forecast. I think KT&G's EPS will increase by nearly 6% and the overhang from IBK will be gone.

B No wonder the share price today went up by 4% to close at ₩96,000 thanks to this announcement.

A I presume the share price will go up all the way to ₩120,000. KT&G is getting popular in the equity market because of its ongoing shareholder-friendly policy.

B Is their cash flow O.K.?

A They have net cash inflow of ₩1 trillion this year while their cash outflow is all ₩900 billion. The cash outflow is composed of ₩500 billion for share-buyback, ₩200 billion for capex, and finally ₩200 billion for dividends. So, they will be still in a net cash position.

A 일석이조란 말이 딱 맞네요.

B 무슨 말이에요?

A 이 기사를 보세요. 'KT&G가 1천만 주 소각을 위한 매수 준비 완료'라고 되어 있네요. 기업은행으로부터 3,280억 원을 주고 사는군요. 제가 원래 예측한 것보다 훨씬 크군요. 이렇게 되면 주당 순이익이 거의 6%까지 늘어나고 기업은행으로부터의 잠재적 물량 부담도 해소된 것이라고 보이네요.

B 그래서 오늘 이 뉴스 때문에 주가가 4%나 올라 96,000원으로 마감했군요.

A 제 생각으로 주가는 120,000원까지 계속 올라갈 거예요. KT&G가 주주 우호 정책을 지속적으로 펼치고 있어서 시장에서 반응이 좋아 보입니다.

B 현금 흐름은 괜찮나요?

A 올해 순현금유입이 1조 원인 데 반해 자사주매입 5천억, 설비 투자 2천억, 배당금 2천억을 합한 총유출은 9천억 원이 됩니다. 따라서 현금 흐름에 부담은 없을 것입니다.

IBK (Industrial Bank of Korea) 기업은행
EPS (Earnings Per Share) 주당 순이익
overhang 과잉, 초과부분, 물량 부담
presume 가정하다, 추정하다
ongoing 지속적인, 진행 중인
net cash inflow 순현금유입

3. What's the market cap of the combined KOSPI and KOSDAQ vis-à-vis Korea's GDP?
한국의 GDP 대비 거래소와 코스닥 시장을 합한 시가총액은 어느 정도인가요?

BACKGROUNDER

일반적으로 한 나라 주식시장의 시가총액은 해당 국가의 국내총생산GDP을 따라가는 경향이 있다. 지난 2000년 초반 IT버블 당시 미국 GDP 대비 S&P500 시가총액 비율은 113%로 시가총액이 GDP를 넘어섰으며, 지난 2008년 미국발 금융 위기 발발 직전에 90% 수준을 유지하다가 최근에는 다시 이 수치가 110%를 넘어서기도 했다. 최근 미 증시를 향한 '버블bubble' 경고를 좌시할 수 없는 부분이다. (출처: 키움증권, 2015년 7월 23일)

2016년 5월 말 기준 우리나라 주식시장의 시가총액(유가증권시장, 코스닥시장, 코넥스시장 합계액)은 1,472.9조 원에 달하고 있다. 이는 2015년 국민총생산GNP 1,558.6조 원의 94.5% 수준이다. 기간별로 보면 2011년 이후 시가총액이 늘어나는 속도가 급격하게 둔화되고 있는데, 이는 우리나라 기업의 경영활동 부진이 지속되어 왔고, 향후 기업 실적 개선에 대한 기대감도 약화되었기 때문이다. (출처: "한국 기업의 활력이 약해지고 있다", LG Business Insight, 2016년 6월 22일; 델코컨설팅그룹, 2016년 6월 30일)

참고로 우리나라 지하경제 규모는 2015년 기준으로 약 125조 원으로 그해 GDP의 8%였다고 한다. 지하경제란 과세 대상이지만 정부의 감시를 피해 이뤄지는 경제활동 영역을 의미하고 사채私債 시장이 포함되며, 뇌물, 마약 거래자금 등으로도 활용된다. (출처: 한국 조세 재정연구원; 조선일보, 2017년 2월 18일)

KEY WORDS

overvalued 고평가된　　　**GDP** 국내총생산
undervalued 저평가된　　　**foreign ownership** 외국인 주식 보유

EXPRESSIONS

What's the market cap of the combined KOSPI and KOSDAQ vis-à-vis Korea's GDP? 한국의 GDP 대비 거래소와 코스닥 시장을 합한 시가총액은 어느 정도인가요?

Compared with the Korea's GDP level, the equity market still offers much room to grow. 한국의 GDP 수준에 비해, 주식시장은 아직도 훨씬 더 커질 가능성 높습니다.

In relation to the size of our economy, the capital market is hugely underdeveloped. 우리의 경제 규모에 반해, 자본시장은 무척 개발이 안 되어 있다.

 MP3 S05-3

DIALOGUE

A I remember Warren Buffett once said that the market cap-to-GDP ratio is his favorite indicator to determine whether the stock market is overvalued or undervalued.

B Sounds quite interesting. Please tell me how it works.

A Buffett explained that if the percentage relationship falls to the 70% or 80% area, buying stocks is likely to work very well for you. On the other hand, if the ratio approaches 200% as it did in 1999 and a part of 2000 in the US, you're playing with fire.

B Then, **what's the market cap of the combined KOSPI and KOSDAQ vis-à-vis Korea's GDP?**

A It has now increased to ₩1,473 trillion, which is about 95% of our GDP.

B Wow! That is slightly over Buffett's comfort zone, meaning that it's not really overpriced.

A That's correct! Moreover, the inflows of foreign funds are expected to continue for the time being, so that the current 30.6% foreign ownership will also go up sharply. The Korean equity market got bigger in such a short period of time, but still has potential for more growth.

A 예전에 Warren Buffett이 했던 말이 기억나는데, 주식시장이 고평가되었는지 저평가되었는지를 알 수 있는 지표들 중 GDP 대비 시가총액비율이 그가 가장 좋아하는 지표라는 거야.

B 그거 제법 흥미롭게 들리는데. 어떤 기준인지 말해 봐.

A Buffett이 설명하길 그 비율이 70-80% 아래로 내려가면 정말로 매수하기 딱 좋은 수준이래. 반면에 미국에서 1999년과 2000년 일부 기간에서 그랬듯이 그 비율이 200%에 이르게 되면, 주식 가지고 불장난하는 격이라고 본다는 거지.

B 그러면 한국의 GDP대비 거래소와 코스닥시장 시가총액은 어떤가?

A 이제 올라서 1,473조 원이니까, 대략 한국 GDP의 95% 정도이지.

B 음! 그러면 Buffett의 매수 추천 구간보다 살짝 높은 수준, 즉 그렇게 고평가되어 있지는 않다는 얘기군.

A 응, 맞아! 더구나 당분간 외국 자금 유입이 지속될 것으로 보여서 현재 30.6% 외국인 주식보유율도 상승하겠지. 한국의 주식시장은 단기간에 성장했지만, 아직도 훨씬 더 클 수 있는 성장 잠재력이 있다는 말이야.

GDP (Gross Domestic Product) 국내총생산: 일정 기간 국내에서 생산된 모든 생산물의 시장 가치
indicator 지표
overvalued 고평가된 *opp.* unvervalued 저평가된
vis-à-vis ~와 대비해
inflow 유입
foreign ownership 외국인 주식 보유

4. If you say so, I'll think about sticking around in this company.
그렇게 말씀하시니, 이 회사에 좀 더 다니는 것을 생각해 볼게요.

BACKGROUNDER

해외 기업들이 국내 금융업계financial field에 활발히 진출하면서 국내 기업의 유능한 인재들을 스카우트해 가는 경우가 많아지고 있다. 하지만 외국 기업에서 반드시 필요한 외국어 구사 능력이 부족하다면, 아무리 연봉compensation이 높아도 안정성job security이 떨어지는 외국계 기업에서 일하는 것은 결코 바람직하지 않을 수 있다. 우선 실제 사용할 수 있는 영어회화 연습에 만전을 기해 의사소통 능력communication skill을 겸비한 후에 도전하는 것이 효과적인 출세길career path이라고 본다.

주식 영업직equity sales position에 지원한 어느 은행 경력직원이 첫 번째 인터뷰를 하고 나서 얼마 후에 보낸 후속 이메일follow-up email이 172쪽에 나와 있다. 내용을 보면 지원자가 얼마나 전직을 희망하는지가 잘 나타나 있다.

KEY WORDS

candidate 후보
restructuring 구조조정
stick around 붙어 있다
brush up 빨리 익히다

EXPRESSIONS

If you say so, I'll think about sticking around in this company.
그렇게 말씀하시니, 이 회사에 좀 더 다니는 것을 생각해 볼게요.

You didn't listen to me, and now, look at you!
내 말 안 듣더니, 그래 꼴 좋다!

After all, you are a cut above me.
결국 당신이 나보다 한 수 위입니다.

DIALOGUE

A   What's on your mind, Stephanie? You look tied up with something.

B   Oh well, you're very perceptive. To be honest with you, a managing director at a foreign securities house has approached me. They are now hiring a senior bank analyst.

A   I think they've chosen the right candidate, someone like you. However, if I were in your shoes, I would not go for it at this stage.

B   Why is that?

A   Initially, foreign houses can pay you well if you are doing great, but they can also fire you immediately if something goes wrong against their will. That includes frequent restructurings. To put it short, although compensation may be high, job security is low.

B   **If you say so, I'll think about sticking around in this company.** Actually, I am not that interested in this offer in the first place. I still have a long way to brush up on my English.

A   무슨 생각을 하는 거예요, Stephanie? 무언가 골똘히 생각하는 것 같은데.

B   와, 정말 잘 보시는군요. 솔직히 말하면, 한 외국계 증권사 상무에게서 연락이 왔어요. 은행업종 담당 고참 분석가를 찾고 있대요.

A   당신 같은 사람을 찾는 것 보니 적임자를 고른 것 같네요. 하지만 제가 당신 입장이라면 아직 그런 데 갈 생각은 하지 않겠어요.

B   왜요?

A   처음에는 외국계 증권사가 일 잘하면 돈을 많이 주지만, 무언가 자기네 생각하고 잘 안 맞으면 바로 해고를 하죠. 구조조정도 자주 하고 말이에요. 간단히 말해, 보수는 좋을지 몰라도 직업의 안정성은 낮다는 거예요.

B   그렇게 말씀하시니, 이 회사에 좀 더 다니는 것을 생각해 볼게요. 사실 처음부터 그 제안에 관심이 별로 없었어요. 영어 실력을 향상시키려면 아직도 멀었으니까요.

---

tied up with ~에 골몰하는, ~으로 바쁜
approach ~에 교섭을 시작하다
candidate 후보자, 지원자
in one's shoes ~의 입장에서
restructuring 구조조정
stick around 계속 붙어 있다, 곁에서 기다리다
brush up on (기술이나 능력을) 빨리 향상시키다, 익히다

REVIEW

Please translate this sentence in English using the key words.

1 오늘 아침 요점만 말씀드릴게요. (bullet points)

2 밤새 한국물 동향이 어떠했나요? (What happened to)

3 일석이조라는 말이 딱 맞네요. (It's like)

4 한국의 GDP 대비 거래소와 코스닥 시장의 시가총액이 얼마지? (vis-à-vis)

5 제가 당신 입장이라면 아직 그런 데 갈 생각은 하지 않겠어요. (in your shoes)

6 그렇게 말씀하시니, 이 회사에 좀 더 다니는 것을 생각해 볼게요. (sticking around)

Session 06

Sales Situation
1. **Have you received my e-mail regarding the HMC's 2ⁿᵈ quarter results?**
   제가 현대차 2분기 실적에 대해 이메일을 보내 드렸는데 받으셨나요?

Investment Banking Situation
2. **May I ask you a question point-blank?**
   단도직입적으로 질문 하나 해도 되겠습니까?

Research Situation
3. **What is your model portfolio like?**
   당신의 모델 포트폴리오는 어떻게 구성되어 있나요?

In-street Situation
4. **Whatever you do, don't get laid-off.**
   어떤 일을 하든지 잘리지 말고 다녀라.

1. Have you received my e-mail regarding the HMC's 2nd quarter results?
제가 현대차 2분기 실적에 대해 이메일을 보내 드렸는데 받으셨나요?

BACKGROUNDER

투자금융가investment banker, 펀드매니저fund manager, 분석가analyst 등 자본시장capital market에서 일하고 있거나 일하고자 한다면, 자동응답기answering machine에 간결하고 호소력 있는 메시지나 요점bullet point을 남기는 능력도 중요하다. 보통 30초에서 2분 정도 주어지는 자동응답기 시간을 최대한 활용하려면 메시지를 남기기 전에 치밀한 자료를 준비해야 한다. 판매 포인트selling point를 사람에게 직접 대화하듯이 메시지로 남겨야 한다. 상대방이 본인 이외의 수많은 사람들의 모닝콜morning call이나 메시지를 받기 때문에 자신만의 개성을 살려 상대방의 귀에 쏙 들어오는 노하우know-how를 쌓도록 노력해야 한다.

먼저 이메일을 보내고 어떻게 확인follow-up 메시지를 음성 메일voice mail에 남기는지 알아보자.

KEY WORDS

market consensus 시장 평균 예측치
sluggish 침체된
target price 목표 주가
block of 100,000 shares 10만 주 블록

EXPRESSIONS

Have you received my e-mail regarding the Hyundai Motor's 2nd quarter results? 제가 현대차 2분기 실적에 대해 이메일을 보내 드렸는데 받으셨나요?

I presume you have already read my e-mail on the Hyundai Motor's 2nd quarter performance.
제가 보내 드린 현대차 2분기 실적 관련 이메일을 이미 읽어 보셨으리라 생각합니다.

What do you think about my e-mail concering the Hyundai Motor's actual results? 제가 보내 드린 현대차 실적에 관한 이메일을 어떻게 생각하십니까?

 MP3 S06-1

E-MAIL

Dear May,

Just a brief note that HMC has announced its results for the 2nd quarter on the last Friday. The results are basically better than the market consensus despite the sluggish domestic demand and the strong Won against the USD. Its average selling prices are getting higher thanks to the introduction of new models. Therefore, its profitability is improving going forward. This morning, SBS Securities maintained BUY with the new target price of ₩200,000 whereas Sampoong Securities downgraded to HOLD with a target of ₩160,000. In general, brokers' opinions are still positive on the counter. My own opinion is even more positive!

Best regards,

Howard

May 씨,

현대차가 지난 금요일에 2분기 실적을 발표한 소식을 간단히 알려 드립니다. 침체된 국내 수요와 원화 강세에도 불구하고 이번 실적은 기본적으로 시장 예측치보다 더 좋게 나왔습니다. 새 모델들의 출시 덕분에 평균 판매단가는 높아지고 있습니다. 따라서 수익성은 앞으로 더 나아질 것입니다. 오늘 아침에 SBS증권이 새 목표 주가를 200,000원으로 제시하면서 '매수 의견'을 계속 유지한 반면에, 삼풍증권은 160,000원의 목표 주가와 함께 '보유 의견'으로 등급을 낮추었습니다. 전반적으로 이 종목에 대한 증권회사들의 의견은 여전히 긍정적입니다. 제 개인적인 의견은 훨씬 더 긍정적입니다!

Howard 올림

market consensus 시장 평균 예측치 (= market expectation)
sluggish 침체된

DIALOGUE

A This is May Tong. I am not available now. Please leave your message. I'll get back to you as soon as possible.

B Good morning, May. This is Howard of Securities One. **Have you received my e-mail regarding the HMC's 2nd quarter results?** My point is you should buy the counter on the back of these positive results. My trader told me we may have a block of 100,000 shares at ₩170,000. Please call me if you're interested in this offer. Thanks a lot, indeed. Bye!

A May Tong입니다. 지금은 부재 중이오니 메모를 남겨 주시면 가능한 한 빨리 연락드리겠습니다.

B 안녕하세요, May 씨. Securities One의 Howard입니다. 제가 현대차 2분기 실적에 대해 이메일을 보내 드렸는데 받으셨나요? 요점은 이렇게 실적이 잘 나왔을 때 이 종목을 매수하셔야 한다는 겁니다. 저희 트레이더가 17만원에 10만 주 물량을 구할 수도 있다고 하니 관심이 있으시면 연락 주십시오. 감사합니다. 안녕히 계세요!

2 May I ask you a question point-blank?
단도직입적으로 질문 하나 해도 되겠습니까?

BACKGROUNDER

2011년 6월 금융감독원에 따르면 케이맨 군도, 룩셈부르크, 버진 아일랜드, 버뮤다 등 4개 국가 국적을 가진 투자가는 전체의 14%를 차지하는 4509명으로 집계됐다. 이 중 상당수는 '무늬만 외국 국적'인 한국인으로 추정되었고 이들이 선호하는 투자 채널은 크게 3가지다.

1) 금융정보 파악이 어려운 국가를 통한 우회 투자: 기획재정부가 2010년 이후 스위스, 룩셈부르크 등과 금융정보 교환 협정을 맺었기 때문에 이런 유형의 투자는 더 이상 발을 붙이기가 어려울 전망이다. 2) 조세회피 지역tax haven 이용: 검은 머리 외국인 중 상당수는 조세회피 지역의 페이퍼컴퍼니를 통해 지분을 획득하여 대주주가 되기도 한다. 이는 자기 기업을 남에게 뺏길 수 있다는 우려에 스스로를 노출하지 않은 채로 추가 지분을 취득하는 방법의 하나로 활용되고 있다. 3) 투자 목적 역외 헤지펀드: 검은 머리 외국인이라는 용어가 풍기는 뉘앙스는 대체로 부정적이다. 하지만 자산 배분 차원에서 순수하게 국내 주식에 투자하는 검은 머리 외국인도 있다. 토종 운용사가 해외에 설립한 역외 헤지펀드가 바로 이런 유형이다. 일반 사모펀드를 구성해 사모펀드에 헤지펀드를 편입하는 방식으로는 개인도 투자가 가능할 수도 있다.

역외 헤지펀드는 외국 법인으로 분류되기 때문에 금감원 외국인 ID를 받은 후 국내 주식에 투자한다. 투자와 운용 주체는 한국인이지만 주식 거래에는 외국인으로 잡히는 셈이다. (출처: "'검은 머리 외국인' 그들은 누구", 매일경제, 2011년 6월 16일)

KEY WORDS

point-blank 솔직한   **jurisdiction** 관할

EXPRESSIONS

Tax haven funds surge in Korean stocks raise questions on motives.
한국 주식시장에서 조세회피 지역 펀드가 급증하고 있는데 그 배경에 의혹이 늘어나고 있습니다.

Tax haven is a jurisdiction that offers favorable tax to its taxpayers.
조세회피 지역이란 납세자에게 우호적인 세금 혜택을 제공하는 관할 구역을 의미합니다.

These fake foreign investors may manipulate our equity market while using offshore tax havens to hide their assets and income.
이들 가짜 외국인이 조세회피 지역에 자기네 자산이나 수익을 숨기는 동시에 국내 증시에 들어와 시장을 교란할지도 모릅니다.

MP3 S06-2

DIALOGUE

A May I ask you a question point-blank?
B What is it?
A Actually, I've got two questions. What is a tax haven, and who are 'the black hair foreigners?'
B A tax haven is a jurisdiction that offers favorable tax conditions or other benefits to its taxpayers. Under this scheme, a Korean individual or enterprise could create a shell company in tax haven countries and feign as an offshore investor to use slush funds to invest in a stock in Korea to discreetly increase stake-holding in own company or another.
A So, what are the popular destinations for hiding money and dodging taxes?
B Funds from the Cayman Islands owned ₩9.3 trillion in Korean stocks as of the end of 2016 to take up 1.9% in foreign holdings in Korean equities. The number of individual and institutional investors from the Cayman Islands totaled 3,300, coming in third place after 14,300 Americans and 3,800 Japanese. Investors from Switzerland, another paradise for tax cheaters and secretive accounts, owned a 7.2 trillion won's worth of local shares.
A Wow, what appears isn't always the truth.

A 단도직입적으로 질문 하나 해도 되겠습니까?
B 무슨 일입니까?
A 사실, 두 개의 질문입니다. 조세회피 지역이란 무슨 말이고 '검은 머리 외국인'이란 누구를 말하는지요?
B 조세회피 지역이란 다른 지역보다 납세자에게 우호적인 세금 조건이나 혜택을 제공하는 관할 구역입니다. 이런 제도를 이용해서, 한국의 개인이나 기업들이 조세회피 지역 국가에 명의만 있는 페이퍼컴퍼니를 설립해서 외국투자가 행세를 하면서 한국의 자기 회사나 남의 회사의 지분을 교묘히 높일 수 있게 비자금을 운영하는 것이지요.
A 그러면 수입을 숨기고 탈세를 하기 위해 활용되는 주요 지역으로는 어떤 나라들이 있나요?
B 2016년 말 기준 케이맨 군도 투자가들의 국내 주식 보유액은 9조3천억 원, 즉 81억 불에 달했는데, 이는 전체 외국인 주식 보유액의 1.9%에 해당합니다. 국내 증시에 투자하는 케이맨 군도 투자가들은 기관과 개인을 합해 3,300명에 달했는데, 14,300명인 미국과 3,800명인 일본에 이어 세 번째로 많은 수입니다. 또 다른 대표적 조세회피 지역이자 비밀계좌로 잘 알려진 스위스의 투자가들은 국내 주식 7조2천억 원어치를 보유한 것으로 드러났지요.
A 역시 보이는 것이 항상 진실인 건 아니네요.

point-blank 솔직한
tax haven 조세회피 지역
shell company 페이퍼컴퍼니

3. What is your model portfolio like?
당신의 모델 포트폴리오는 어떻게 구성되어 있나요?

BACKGROUNDER

개인투자가retail investor의 안정적인 포트폴리오 구성은 투자규모에 따라 보유 대상 종목 수가 달라지게 마련이지만 필자와 일선 전문가들의 경험에 의하면 보통 4-5개 정도의 종목 수가 적당하다. 종목 수가 많아지면 보유기업의 펀더멘털fundamental 변화 과정을 수시로 파악하기가 쉽지 않기 때문이다. 국내외 증권사에서 일반적으로 분석가 한 명이 관리follow-up하고 있는 종목 수가 대체로 8-10개를 넘지 않는 이유가 여기에 있다.

또한 장기 투자를 전제로 한 개인투자가가 변화하는 시장 상황에 오랫동안 불안감 없이 대처하려면 인덱스index, 성장growth, 가치value, 테마theme 등과 같은 적절한 안배allocation가 매우 중요하다. 또는 기술주IT, 비기술주non-IT, 현금cash holdings 등의 분류로 기술주에 대한 이해도가 높다면 그 방법도 현명할 수 있다.

KEY WORDS

index 지수
theme 테마
value-oriented 가치 위주의
representative stocks 대표주
momentum 추진력

EXPRESSIONS

What is your model portfolio like?
당신의 모델 포트폴리오는 어떻게 구성되어 있나요?

What are components of your portfolio holdings?
당신의 모델 포트폴리오 구성 종목은 무엇인가요?

How is your portfolio composed of?
당신의 모델 포트폴리오는 어떻게 구성되어 있나요?

MP3 S06-3

DIALOGUE 1

A What is your model portfolio like?
B I've got 4 different models such as index, growth, value and theme.
A Sounds pretty well-divided. How many stocks are normally included? Can you also give me names of representative stocks under each category?
B It varies. For example, I have a minimum 4–5 stocks for the value-oriented model, while a maximum 10 stocks for index. The major stocks in my portfolio are Samsung Electronics for index, Samsung SDI for growth, Lotte Confectionary for value, and finally Amotech for theme.

A 당신의 모델 포트폴리오는 어떻게 구성되어 있나요?
B 저는 인덱스, 성장, 가치 그리고 테마 등 4가지 모델을 갖고 있습니다.
A 매우 세분된 것 같군요. 보통 몇 종목으로 구성되어 있나요? 그리고 각 유형별로 대표 종목을 말씀해 주시겠어요?
B 각각 다르죠. 예를 들어, 가치 추구 모델에는 최소 4-5개 정도인 반면 인덱스 모델에는 최고 10개까지의 종목으로 이루어져 있어요. 주요 종목으로는 인덱스에 삼성전자, 성장에 삼성 SDI, 가치에 롯데제과 그리고 마지막으로 테마에 아모텍이죠.

index 지수
theme 테마
representative stocks (업종 등) 대표 종목

DIALOGUE 2

A What is your model portfolio like?
B Mine is divided into 3 parts: 55% for IT, 35% for non-IT, and the remainder for cash.
A Interesting to see that cash holdings are clearly up there. Any reasons?
B Yes, I wanted to have cash ready to catch up on any momentum in the market by investing immediately.

A 당신의 모델 포트폴리오는 어떻게 구성되어 있나요?
B 제 모델은 기술주 55%, 비기술주 35%, 나머지 현금 등 크게 3가지로 구분되죠.
A 현금 보유 비중이 명시되어 있는 것이 흥미롭군요. 특별한 이유라도 있나요?
B 예, 바로 투자를 해서 시장의 추진력을 따라잡기 위해 현금을 준비해 놓고 싶었어요.

remainder 나머지 것, 잔여물
cash holdings 현금 보유 재산
momentum 힘, 추진력, (움직이는 물체 등의) 타성

4. Whatever you do, don't get laid-off.
어떤 일을 하든지 잘리지 말고 다녀라.

BACKGROUNDER

개인투자가가 유가증권marketable securities 시장에서 높은 투자 수익률investment return 을 추구하고자 한다면 모델 포트폴리오를 구성하고 난 다음 실천력을 필요로 하는 투자 규칙investment discipline을 정해 놓는 방법도 좋은데, 이는 특히 폭락 장세에서 발생할 수 있는 과대 손실excessive loss을 방지하는 수단이다.

* **투자 규칙 정하기**|setting an investment discipline rule
  - 이익실현 시점 수익률lock-in gains
  - 손절매 시점 손실율loss-cut
  - 매매회전율turnover
  - 담당 브로커의 전화나 보고 시간 또는 횟수frequency of calls and reports

KEY WORDS

discipline 규칙
take profit 이익을 실현하다
turnover 회전율
depressed economy 불경기

EXPRESSIONS

Whatever you do, don't get laid-off.
어떤 일을 하든지 잘리지 말고 다녀라.

Hang in there.
어려워도 거기 붙어 있지 그래.

Everything will work out.
모든 일이 잘 풀릴 거야.

 MP3 S06-4

DIALOGUE

A What's going on?

B I need to have my own discipline rules.

A What's this discipline rule about?

B Hear me out. I am going to set some discipline rules for my job. First, when I make a minimum 10% gain, I will take profit. Secondly, if I lose a maximum 15%, I will get rid of it to cut the loss. Finally, turnover for my client accounts won't be over 400% per year.

A Go do it! But I'll tell you what. **Whatever you do, don't get laid-off.** It's a nightmare to be unemployed under this depressed economy!

A 무슨 일 있어?

B 나만의 규칙이 필요한 것 같아.

A 너의 그 규칙이 어떤 내용이냐?

B 내 말 들어 봐. 내 일에 있어서 규칙을 정하려고 해. 첫째, 최소 10%를 벌면 이익을 실현한다. 둘째, 최대 15%가 깨지면 손절한다. 마지막으로, 고객 계좌의 회전율은 연 400%를 넘지 않는다.

A 그렇게 해 봐! 그런데 내가 한 가지 말해 줄게. 어떤 일을 하든지 잘리지 말고 다녀. 요즘 같은 불경기에 실직하면 정말 끔찍하니까!

---

discipline 규칙, 규율
Hear me out. 끝까지 내 말 좀 들어 봐.
take profit (팔아서) 이익을 실현하다
get laid-off 해고되다
unemployed 실직한
depressed economy 불경기, 경기침체

REVIEW

Please translate this sentence in English using the key words.

1 제가 현대차 2분기 실적에 대해 이메일을 보내 드렸는데 받으셨나요? (regarding)

2 요점은 이렇게 실적이 잘 나왔을 때 매수하셔야 한다는 겁니다.
(my point, on the back of)

3 단도직입적으로 질문 하나 해도 되겠습니까? (point-blank)

4 당신의 모델 포트폴리오는 어떻게 구성되어 있나요? (like)

5 바로 투자를 해서 시장의 추진력을 따라잡기 위해 현금을 준비해 놓고 싶었어요.
(catch up)

6 최소 10%를 벌면 이익을 실현한다. (take profit)

7 어떤 일을 하든지 잘리지 말고 다녀라! (laid-off)

Session 07

Sales Situation
1. **Foreigners are really being active in the futures market at this particular time.**
   외국인들이 이 시각 현재 선물시장에 진짜 활발히 참여하고 있어요.

Investment Banking Situation
2. **That's up in the air at the moment.**
   지금으로선 알 수가 없습니다.

Research Situation
3. **'Buy Korea' and the S&P's upgrade of sovereign credit rating for Korea**
   '바이 코리아'와 S&P의 한국 신용등급 상향 조정

In-street Situation
4. **Look at this empty place! The domestic business is obviously not picking up.**
   이 빈자리 좀 봐요! 국내 경기가 영 살아나고 있지 않네요.

1 Foreigners are really being active in the futures market at this particular time.

외국인들이 이 시각 현재 선물시장에 진짜 활발히 참여하고 있어요.

BACKGROUNDER

선물거래란 특정 상품의 가격에 대해 미래 일정 시점의 가격을 미리 정해서 매매 계약을 맺은 후, 약속된 시점에서 대금과 상품을 교환하는 거래다. 이런 선물거래는 미래에 발생할 수 있는 현물의 가격변동 위험을 회피할 수 있다는 것을 가장 큰 특징으로 한다. 선물시장과 현물시장의 가격차를 이용해 차익을 남길 수 있고, 미래의 주가를 예측할 수 있는 기준이 된다. 선물거래에는 콩·옥수수·감자·금·은·원유 등을 거래하는 상품 선물거래와 통화 선물·금리 선물·주가지수 선물을 거래하는 금융 선물거래가 있다.

KOSPI 200 선물 KOSPI 200지수는 증권거래소가 1990년 1월 3일을 기준시점으로 당시 지수를 100p로 삼아 산출하고 있다. 주가지수 선물거래는 개인이나 기업, 기관투자가 등 누구나 할 수 있으며 1500만 원의 최초 개시 증거금을 증권사에 예치하면 원하는 종목의 주가지수 선물을 사고팔 수 있다.

주가지수 선물거래의 대상이 되는 지수는 증권거래소가 선정한 KOSPI 200 지수가 사용되고 있으며 3월물, 6월물, 9월물, 12월물 4종목이 거래되고 있다. 즉, KOSPI 200 선물거래의 결제월은 3월, 6월, 9월, 12월이며 최종 거래일은 각 결제월의 두 번째 목요일이다. 새로운 결제월의 거래 개시일은 그 익일이다. 계약의 기본단위는 50만 원(거래상수)이고, 호가가격 단위는 0.05포인트이므로 최소가격 변동금액은 2만 5000원(50만 원×0.05)이다. (출처: 네이버 지식백과, 주가지수 선물거래, stock index futures)

KEY WORDS

backwardation 백워데이션　　　　**program trading** 프로그램 매매
bearish 약세의　　　　　　　　　　**cash market** 현물시장

EXPRESSIONS

Foreigners are really being active in the futures market at this particular time.
외국인들이 이 시각 현재 선물시장에 진짜 활발히 참여하고 있어요.

These foreigners are bloody busy in trading for the futures market.
외국인들이 선물시장에서 엄청나게 활발한 매매를 하고 있습니다.

I hope they know what they are doing in the derivatives market now.
그들이 지금 파생 상품시장에서 무슨 일을 하고 있는지 알기를 바랍니다.

 MP3 S07-1

DIALOGUE 1

A What's going on in the futures market?

B It's now in a backwardation situation. The KOSPI 200 is 281.15, whereas KOSPI futures are 280.60. **Foreigners are really being active in the futures market at this particular time.**

A I see. Foreigners appear really bearish on the market direction for the time being.

B Oh well, they seem to keep buying futures through program trading if the basis goes over more than –1.2 points.

A 선물시장 동향이 어떻습니까?

B 현재 백워데이션 상황이에요. KOSPI 200이 281.15인데 선물은 280.60이죠. 외국인들이 이 시각 현재 선물시장에 진짜 활발히 참여하고 있습니다.

A 그렇군요. 외국인들이 당분간 장을 무척 안 좋게 보는 듯해요.

B 그런데요, 그들은 베이시스가 –1.2 포인트가 넘으면 프로그램 매매를 통해 선물을 계속 사들이고 있는 것으로 보입니다.

---

backwardation 비정상시장 (선물지수 〈 현물지수): 약세장에서 나타남
  opp. contango 정상시장 (선물지수 〉 현물지수): 강세장에서 나타남
bearish 약세의, 내림세의 *opp.* bullish 강세의, 상승세의
program trading 시스템에 의한 매매
basis 선물지수와 현물지수의 차이

DIALOGUE 2

A We've seen that foreigners are not participating in the cash market after the oil price hike. However, **foreigners are really being active in the futures market at this particular moment.**

B That's a shame! They should buy more shares under this weakness.

A Not really! Still early unless the oil price stabilizes. I don't know until when, but I would not put more money into the cash market yet.

A 우리가 보니까 유가 급등 이후 외국인들이 현물시장에서 매매를 하지 않고 있어. 하지만 외국인들이 이 시각 현재 선물시장에는 진짜 활발히 참여하고 있군.

B 그것 참 유감이군! 주가가 빠져 있을 때 사야지.

A 아니야! 유가가 안정되기 전까지는 아직 일러. 언제까지 이럴지 모르지만, 내 돈이라면 더 이상 현물시장에 투입하지 않겠어.

---

cash market 현물시장 *opp.* futures market 선물시장
oil price hike 유가 급등

2 That's up in the air at the moment.
지금으로선 알 수가 없습니다.

BACKGROUNDER

현재 우리는 사물인터넷IoT, 빅데이터 분석, 클라우드 컴퓨팅, 3D 프린팅, 가상현실, 로봇, 인공지능 신재생 에너지, 바이오 기술, 인공지능AI: Artificial Intelligence 등 하나하나가 사회적 변화를 야기할 수 있는 거대 기술들이 범람하는 소위 말해 '제4차 산업혁명' 또는 '테크놀로지 빅뱅의 시대'를 맞이하고 있다. 특히 이 중에서 다양한 기기와 플랫폼으로 사람들의 거리를 좁히고 커뮤니케이션을 이어주는 역할을 하는 AI 시장은 의료, 금융 등 산업 분야에선 IBM의 왓슨이, 음성비서 스피커 분야에선 아마존의 알렉사가 선점하고 있다. 이에 한국의 네이버가 계열사인 일본 '라인(모바일 메신저)'과 함께 새로운 인공지능 플랫폼 '클로바CLOVA'를 2017년 1월 스페인 바르셀로나 모바일 세계대회Mobile World Congress에서 공개하며 이 분야에서 앞서가고 있는 IBM·아마존 등에 도전장을 내밀었다.

일종의 가상 비서Virtual Assistant의 역할을 하는 클로바는 인간의 오감, 특히 시각까지 활용한 AI를 목표로 한다. 예컨대 카메라가 특정 사람을 인식해 맞춤형 정보를 주거나 상품을 비추면 주문해 주는 식이다. 정보 전달 방식도 기존 음성뿐만 아니라 화면에 내용을 띄워 주는 디스플레이 방식이 더해진다. '음성·비주얼·대화형 엔진 등 다양한 AI 기술이 집결된 플랫폼으로서 손가락으로 기기를 터치하지 않더라도 친구와 이야기 하듯이 대화할 수 있고 음악 재생과 날씨·교통 정보, 가정 기기 제어 서비스 등을 제공한다'고 관계자는 밝혔다. (출처: "네이버-라인의 인공지능 '클로바' 베일 벗다", 한국경제, 2017년 3월 2일)

KEY WORDS

industrial revolution 산업혁명   **encompass** 아우르다

EXPRESSIONS

Clova is a platform that incorporates various AI technologies.
클로바는 다양한 AI 기술이 집결된 플랫폼이다.

Clova aims to encompass all of the five human senses.
클로바는 인간의 오감 모두 반응하는 것을 목표로 하고 있지요.

Naver receives a government permission for road test for self-developed autonomous vehicle.
네이버가 정부로부터 자체 개발한 자율주행차의 도로주행 테스트의 허가를 받았다.

MP3 S07-2

DIALOGUE

A Hello, Charlie! I've sent out an e-mail regarding a recent development in the field of AI, which is one of the ongoing fourth industrial revolutions.

B Sorry, Andreas, I must have missed it, but you're telling me just what I'm looking for.

A Naver and its mobile chatting app unit Line in Japan unveiled their AI-based assistant platform Clova at the Mobile World Congress 2017 in Spain in hopes of challenging their bigger rivals, IBM and Amazon.

B What's Clova?

A Clova is a platform that incorporates various AI technologies, including voice, visual and conversational engines, which allow users to interact with the platform without touching the screen. Clova aims to encompass all of the five human senses.
For example, its camera recognizes a user and provides personalized services on its display.

B Do you think this news will bring any meaningful profits which could lead to a huge share price movement?

A **That's up in the air at the moment.** Based on this news, Naver shares closed at ₩808,000, down 0.8%, whereas in Japan, Line shares rose to ¥3,980, up 1.7%.

A 안녕하세요, Charlie! 4차 산업혁명 중 하나인 AI 분야에서의 최근 흐름에 대해 이메일 하나 보냈습니다.

B Andreas, 죄송해요, 제가 아직 읽지는 못했지만 제가 궁금해하던 것이니 말씀해 주세요.

A 네이버가 계열사인 일본 '라인(모바일 메신저)'과 함께 새로운 인공지능(AI) 플랫폼 '클로바'를 2017년 스페인 모바일 세계대회에서 공개하면서 이 분야에서 앞서가고 있는 IBM·아마존 등에 도전장을 내밀었습니다.

B 클로바가 무엇인가요?

A 클로바는 음성·비주얼·대화형 엔진 등 다양한 AI 기술이 집결된 플랫폼이며 손가락으로 기기를 터치하지 않더라도 상호작용할 수 있습니다. 클로바는 인간의 오감 모두 반응하는 것을 목표로 하고 있지요. 예를 들어 클로바에 달린 카메라는 사용자를 알아보고 화면으로 개인화된 서비스를 제공하지요.

B 이 뉴스가 수익성으로 이어져서 주가가 많이 오를 거라 생각하나요?

A 지금으로서는 알 수가 없습니다. 이 소식으로 네이버는 0.8% 내려간 808,000원, 일본 라인은 1.7% 상승한 3,980엔으로 마감했지요.

---

industrial revolution 산업혁명
unveil 베일을 벗기다, 발표하다 *opp.* veil 베일로 가리다, 숨기다

3 'Buy Korea' and the S&P's upgrade of sovereign credit rating for Korea
'바이 코리아'와 S&P의 한국 신용등급 상향 조정

BACKGROUNDER

3대 국제 신용평가사 중 하나인 스탠더드앤드푸어스S&P가 2016년 8월에 한국의 국가 신용등급을 11개월 만에 다시 사상 최고 등급인 AA로 상향 조정했다. AA 등급은 전체 21개 등급 중 3번째로 높은 등급으로. 한국이 S&P로부터 AA 등급을 부여 받은 것은 사상 최초이다.

S&P는 한국이 최근 수년간 선진 경제보다 견조한 성장세를 나타내는 등 대외부문 지표가 개선됐다고 평가하면서, 통화정책이 견조하고 지속가능한 경제성장을 지원해 왔다는 점도 등급 상향조정의 배경으로 제시하고 있다. 앞으로의 신용등급 상향 요인으로는 추가적인 성장을 통한 경제 성과와 안정성 강화를 언급했으나 북한과의 지정학적 긴장이 고조되는 점은 신용등급을 하향 조정할 수 있는 요인으로 꼽힌다.

한국의 국가 신용도는 국내 금융사, 공기업 등의 신용등급 상승으로도 이어져 해외 차입 비용 감소 등 대외 안정성을 보다 강화할 수 있는데, 이는 매일 변동하는 외평채 Foreign Exchange Equalization Fund 가격으로 어느 정도 표시된다고 볼 수 있다. 예를 들어 한국 정부가 발행한 5년물 달러화 표시 채권의 가격이 미국채US Treasury Bond 금리 플러스 60bp 정도라고 한다면, 이는 한국 외평채 가격이 미국채의 신용도에는 미치지 못하고, 한국이 가진 각종 리스크 프리미엄이 60bp 정도 된다는 의미다. 외평채 가격의 등락은 우리나라 은행들과 기업들이 해외로부터 돈을 빌릴 때 대장benchmark 금리와 같은 바로미터 역할을 하기도 한다. 이 금리가 낮을수록 국내 주가가 높아지는 경향이 있으므로 수시로 외평채 금리 동향을 파악하는 것이 바람직하다.

KEY WORDS

fiscal 국가 재정의

sovereign (credit) rating 국가 신용등급

EXPRESSIONS

How did S&P adjust the Korea's sovereign credit rating?
S&P가 한국의 신용등급을 어떻게 조정했나요?

What is the adjusted sovereign credit rating for Korea by S&P?
S&P가 조정한 한국의 신용등급은 무엇인가요?

Is there any expectation of Moody's action in association with the recent S&P's upgrade?
최근 S&P의 등급 상향 조정과 관련해 Moody's의 움직임에 대해 기대할 만한 것이 있나요?

MP3 S07-3

DIALOGUE

A Do you know which country in Asia has the highest sovereign rating by S&P, one of the global credit ratings agencies?

B Singapore. To be more precise, Singapore's rating is Triple A whereas Korea's rating is AA. The double A rating, which is the same as the U.K. and France, is one notch higher than China's AA-, two notches higher than Japan's A+.

A Wow, you're a walking encyclopedia! I'm impressed. Speaking of which, what's the relationship between **'Buy Korea' and the S&P's upgrade of Korea's sovereign credit rating**?

B When S&P adjusts its rating, it has tremendous implications for both the credit and equity markets for each country. Therefore, these two have a close positive correlation with each other. Recently, S&P has said to maintain Korea's credit rating for the next two years thanks to our strong economic growth and flexible fiscal and monetary policies. Unless geopolitical tensions on the Korean peninsula mount to a risky level, we may have an even higher sovereign rating in the future.

A Wow, this sounds really great since the sovereign rating upgrade would lead to higher ratings for Korean firms and public companies, contributing to lower overseas borrowing costs and external risks.

A 글로벌 신용평가회사 중 하나인 S&P의 국가 신용등급을 기준으로 아시아에서 가장 높은 등급을 받은 나라가 어딘지 알아?

B 싱가포르. 더 정확히 말하자면, 한국이 AA인 반면 싱가포르는 AAA야. AA 등급은 중국의 AA-보다 한 등급 높고, 일본의 A+보다 두 등급 높고, 영국과 프랑스와는 같은 수준이지.

A 와, 너 걸어 다니는 백과사전이구나! 감동인데. 말이 나온 김에 S&P 한국 신용등급 상향과 '바이 코리아'는 어떤 관계가 있는 거야?

B S&P에서 등급을 조정하면 각 나라의 신용과 주식시장에 막대한 영향을 끼쳐. 그러니까 이 두 개는 서로 밀접한 플러스 관계지. 최근에는 S&P가 한국의 신용등급을 향후 2년 동안 유지한다고 언급했는데 경제성장이 좋고 재정 및 통화정책이 유연해서 그렇다는군. 한반도의 지정학적 긴장이 위험한 수준으로 치닫지 않는 이상 더 높은 국가 신용등급도 받을 수 있을 듯해.

A 우와, 국가 신용등급이 더 올라간다면 한국의 일반 기업과 공기업들이 외채발행 시 낮은 비용과 외적 리스크를 갖게 되는 것이니 정말 바람직한 얘기 같군.

---

walking encyclopedia 걸어 다니는 백과사전, 만물박사 (=walking dictionary)
speaking of which 그런데 말이야, 말이 나온 김에 말인데
sovereign (credit) rating 국가 신용등급 *cf.* sovereign 주권을 가진, 주권 국가의
correlation 상관관계
fiscal 국가 재정의
monetary 통화의, 화폐의

4. Look at this empty place! The domestic business is obviously not picking up.
이 빈자리 좀 봐요! 국내 경기가 영 살아나고 있지 않네요.

Backgrounder

개인투자가가 실물경제real economy를 쉽게 알 수 있는 방법은 택시를 타고 운전사와 이런저런 이야기를 나누거나, 슈퍼마켓에서 저녁 준비를 위해 장을 보거나, 경제 신문의 연속 2면에 걸친 화려한 주상복합상가 분양 광고를 보거나, 퇴근 후에 동료 직원들과 함께 가볍게 생맥주 한잔을 마시며 대화를 나누는 것이다.

필자가 아는 미국 헤지펀드 매니저hedge fund manager 친구 하나는 대만의 실물경제와 중국어Mandarin를 배우려고 몇 개월 동안 본인이 직접 대만 시내를 누비는 택시 운전사를 해 봤는데 그때 쌓은 경험이 자신의 직업 경력professional career에 많은 도움이 되었다고 한다. 말 그대로 발로 뛰면서 보고 느끼는 투자 마인드를 가져 보도록 하자.

Key Words

domestic business 국내 경기
pick up 회복하다
economic recession 불경기
tangible 손에 잡히는

Expressions

Look at this empty place! The domestic business is obviously not picking up.
이 빈자리 좀 봐요! 국내 경기가 영 살아나고 있지 않네요.

If worst comes to worst, it could go all downhill from here.
최악의 경우 악화일로로 치달을 수도 있어.

We got off the hook.
우리는 위기에서 벗어난 거라고.

DIALOGUE

A We need a big table for 5.
B Please come this way.
A Sorry. Make that 7, please. We're expecting more colleagues.
B O.K. Here you are. Would you like some cold draft beers first?
A Yes. To start with, 5 home-made draft beers, along with 1 barbeque ribs and 2 tofu gimchi.
B Thanks, anything else? We have 'today's special,' which is 'hot and spicy octopus.'
A No thanks! That's fine.
C **Look at this empty place! The domestic business is obviously not picking up.**
A That's right! Our president keeps saying that Korea is currently not in economic recession, but look at this reality. This place used to be full of people at this hour every single night.
C Let's face it! He has to do his best to come up with some tangible actions for this problem.

A 5인용 큰 테이블이 필요해요.
B 이쪽으로 오세요.
A 죄송하지만 7인용으로 해 주세요. 동료들이 더 올 겁니다.
B 네. 이쪽으로 앉으시죠. 먼저 시원한 생맥주를 드릴까요?
A 네. 먼저 이 집에서 만든 생맥주 다섯 잔, 그리고 바비큐 갈비 하나, 두부김치 둘 주세요.
B 감사합니다. 다른 것은 필요 없나요? 오늘의 특선 요리로 매운 낙지볶음이 준비되어 있는데요.
A 아뇨, 됐습니다.
C 이 빈자리 좀 봐요! 국내 경기가 영 살아나고 있지 않네요.
A 맞아요! 대통령은 지금 한국이 불황이 아니라고 계속 말하지만 이런 현실을 봐요. 이곳은 매일 밤 이 시각이면 사람들로 가득 찼던 장소였어요.
C 현실을 똑바로 봐야지요! 그분은 최선을 다해 구체적인 방안을 내놓아야 합니다.

draft beer 생맥주
home-made 집에서 직접 만든
obviously 명백히, 여실히 (=apparently)
pick up 기운을 차리다, 회복하다
economic recession 경제 침체, 불황
tangible 확실한, 손에 잡힐 수 있는

REVIEW

Please translate this sentence in English using the key words.

1 외국인들이 이 시각 현재 선물시장에 진짜 활발히 참여하고 있어요.
(at this particular moment)

2 그들은 베이시스가 -1.2 포인트가 넘으면 프로그램 매매를 통해 선물을 계속 사들이고 있는 것으로 보입니다. (if the basis goes over)

3 지금으로선 알 수가 없습니다. (up in the air)

4 이 빈자리 좀 봐요! 국내 경기가 영 살아나고 있지 않네요. (empty, picking up)

5 현실을 똑바로 봐야지요! 그분은 최선을 다해 구체적인 방안을 내놓아야 합니다.
(face, some tangible actions)

Session 08

Sales Situation
1 Could you tell me about your investment philosophy?
 당신의 투자 철학에 대해 말씀해 주시겠습니까?

Investment Banking Situation
2 Can a private equity fund increase corporate values?
 사모투자전문회사는 기업 가치를 높여 줄 수 있을까요?

Research Situation
3 We've seen a record growth in exports in June on a YoY basis.
 6월 수출 증가율이 전년 동기 대비 사상 최고를 기록했습니다.

In-street Situation
4 How has your work-out been coming along lately?
 요즈음 하는 운동은 잘 되고 있나?

1 Could you tell me about your investment philosophy?

당신의 투자 철학에 대해 말씀해 주시겠습니까?

BACKGROUNDER

외국투자가는 운용하는 투자펀드에 따라 실적 평가가 다를 수 있다. 연금펀드pension fund 또는 뮤추얼펀드mutual fund를 운영하고 있다면 기본적으로 대장 지수benchmark index 대비 초과수익률을 보여야 하고 또 경쟁 대상이 되는 펀드의 수익률보다 높아야 한다. 헤지펀드 매니저hedge fund manager라면 절대적인 수익률을 보여야 하는데, 헤지펀드는 주로 레버리지leverage를 해서 돈을 모아 투자하는 것이기 때문에 최소한 차입이자율borrowed interest rate 플러스 일정 수준의 수익률을 목표로 하게 된다.

개인투자가는 여유자금idle(surplus) money으로 투자한다고 가정할 때, 1년 정기 은행 금리보다 다소 높은 수익률을 목표로 생각해야 큰 무리가 없다. 지금처럼 초저금리all-time low interest rate로는 물가 상승률inflation rate을 감안하면 오히려 마이너스 수익률이 될 수 있으므로, 보수 성향의 주식투자가의 기대수익률expected return은 물가 상승률을 감안한 금리 수준보다 소폭 높게 잡아야 심리적으로 만족할 수 있다.

KEY WORDS

extra return 초과 수익
absolute return 절대 수익
get down to business 사업 얘기를 시작하다
interest rate 이자율

EXPRESSIONS

Could you tell me about your investment philosophy?
당신의 투자 철학에 대해 말씀해 주시겠습니까?

Would you share your investment objectives with us?
저희에게 당신의 투자 목적이 어떤 것들인지 말씀해 주시겠습니까?

What kind of returns do you expect on your investment?
당신은 투자를 통해 어느 정도의 수익률을 기대하십니까?

 MP3 S08-1

DIALOGUE 1

A Congratulations on your big move!
B Thanks for coming to my office.
A What a fantastic view! I can see the new grass square in front of the City Hall.
B Isn't it nice? Now, let's get down to business. **Could you tell me about your investment philosophy?**
A My stock investment goal is very simple. I just want some extra return over the bank interest rate.

A 좋은 회사로 옮긴 거 축하해요!
B 회사로 찾아와 줘서 고마워요.
A 전망이 끝내주는데요! 시청 앞에 새로 생긴 잔디 광장도 보여요.
B 참 괜찮지요? 자, 이제 본론으로 들어가지요. 당신의 투자 철학에 대해 말씀해 주시겠습니까?
A 주식 투자에 대한 나의 목표는 아주 간단해요. 나는 그냥 은행 이자보다 좀 더 높은 수익을 얻고 싶어요.

square (네모진) 광장
get down to business 업무 이야기를 시작하다
extra return over bank interest rate 은행 이자 초과 수익

DIALOGUE 2

A We're sorry to keep you waiting. How was your trip to Seoul from London?
B That's all right. I'm a little early. My trip was pleasant. Thank you.
A Now, **could you tell us about your investment philosophy?**
B Since I run a hedge fund company for my clients, I just want to get an absolute return, as opposed to beating any benchmark index.

A 기다리시게 해서 죄송합니다. 런던에서 서울까지 여행은 어떠셨나요?
B 괜찮습니다. 제가 좀 일찍 왔군요. 여행은 즐거웠습니다. 고맙습니다.
A 자, 이제 당신의 투자 철학에 대해 말씀해 주시겠습니까?
B 나는 고객들을 위해 헤지펀드를 운용하고 있기 때문에 어떤 지수 대비 초과 수익을 얻으려는 것과는 반대로 절대 수익을 얻으려고 할 뿐입니다.

keep someone waiting ~를 기다리게 하다
absolute return 절대 수익(률)
as opposed to ~와는 대조적으로

2 Can a private equity fund increase corporate values?
사모투자전문회사는 기업 가치를 높여 줄 수 있을까요?

BACKGROUNDER

2004년 9월 간접자산운용업법 개정안이 국회 본회의를 통과한 이후 사모투자전문회사PEF: Private Equity Fund의 국내 활성화 방안이 계속 거론되고 있다. PEF란 고수익기업투자펀드라고 하며, 소수 투자가로부터 모은 투자자금을 자산가치가 저평가된underpriced 기업에 투자하여 지배구조corporate governance 개선이나 구조조정restructuring을 통하여 기업 가치를 높인 다음, 기업 주식을 되파는 일을 한다. PEF는 자산운용산업의 발전과 투자 활성화에 견인차 역할을 할 것으로 보인다.

금융감독원에 따르면 2010년 26조6000억 원에 불과했던 국내 PEF 운용사의 전체 출자 약정액은 2016년 62조2000억 원까지 급증했다. 같은 기간 PEF도 148개에서 383개로 늘었다. 국내외 금융시장의 불확실성이 커지면서 마땅한 투자처를 찾지 못한 자금이 PEF 시장으로 유입된 영향이 컸다. 또한 2017년 2월, 최근의 투자은행IB 업계에 따르면 다우키움그룹이 PEF 운용사를 신설할 계획이라고 하는데, 키움PE가 주목받는 이유는 초기 자본금이 역대 최대 수준인 500억 원에 달하기 때문이다. 이는 국내 1위 PEF 운용사인 MBK파트너스의 자본금 120억 원보다 4배 이상 많다.

자산운용산업의 발전과 경제 전반에 걸친 투자 활성화에 PEF가 어떤 역할을 할지 귀추가 주목된다.

KEY WORDS

corporate value 기업 가치 **capital raising** 자금 동원
capital gains 매매 차익 **astronomical gains** 천문학적 이익

EXPRESSIONS

Can a private equity fund increase corporate values?
사모투자전문회사는 기업 가치를 높여 줄 수 있을까요?

Getting your foot in a PEF is one thing, and increasing corporate values is another.
PEF에 발을 들여놓는 것과 기업의 가치를 높이는 것은 별개의 문제입니다.

Setting up a PEF can open the door for small investors to find more investment opportunity.
PEF를 설립하면 소액투자가들에게 더 많은 투자의 문을 열어 줄 수 있습니다.

 MP3 S08-2

DIALOGUE

A Since the PEF act was passed in September, 2004, there have been many discussions about PEF. **Can a private equity fund increase corporate values?**

B Yes, unlike M&A funds which seek only capital gains, PEF makes an all-out effort to increase corporate value for the invested company. That's why it's described as "Capitalism's new king" by the *Economist*. This journal mentions that the following products held the foremost positions for the needs of the times: junk bonds represented by Michael Milken in the 80's, the US treasury bonds in the early 90's, IB's in the late 90's, and then PEF's represented by Blackstone, Carlyle and KKR in the 00's.

A Actually, Korea neglected introducing this new type of capital raising. That's why so many troubled banks have been bought by foreign PEFs over the past few years, while domestic players' hands were completely tied up.

B Yes, New Bridge took over KFB, Lone Star took over KEB, and Carlyle took over Koram Bank. And all of them have managed to make astronomical gains by selling back their stakes in these banks, while Korean firms haven't been allowed to set up PEFs due to the misconception that PEFs could be manipulated by the existing Chaebuls.

A 2004년 9월에 사모투자전문회사 관련법이 통과되면서 많은 논쟁이 있어 왔지요. 사모투자전문회사는 기업의 가치를 높여 줄 수 있을까요?

B 그렇습니다. 오직 매매이익만 추구하는 M&A 펀드와 달리, 사모투자전문펀드는 투자된 회사의 기업 가치를 높이기 위해 모든 노력을 다합니다. 그래서 이코노미스트지는 이를 '자본주의의 새로운 왕'으로 묘사합니다. 이 잡지는 80년대에는 마이클 밀켄으로 대표되는 정크본드, 90년대 초에는 미국 재무성 장기채, 90년대 말에는 투자은행에 이어 2000년대 들어서는 블랙스톤, 칼라일 그룹 및 콜버그 크라비스 로버츠 등 PEF들이 시대의 요구에 따라 왕좌를 차지했다고 언급하지요.

A 사실, 한국은 이 새로운 형태의 자금 동원 방법을 무시했습니다. 그래서 지난 몇 년 동안 국내 자금이 전혀 동원되지 못한 상태에서 그렇게 많은 부실 은행들이 외국계 PEF들에게 팔려나간 겁니다.

B 맞습니다. 뉴브리지는 제일은행을, 론스타는 외환은행을, 칼라일은 한미은행을 인수했지요. 이들은 모두 매도를 해서 천문학적인 이익을 챙긴 반면에, 국내 기업들에게는 PEF가 재벌에 의해 조종당할 수 있다는 잘못된 인식으로 인해 PEF 설립이 허용되지 않았습니다.

---

make an all-out effort 전력을 다하다
junk bond (미) 정크본드; 신용도가 낮아 얼른 보기에 쓰레기나 다름없는 채권이지만 위험성이 높은 만큼 이율도 높음
IB (Investment Bank) 투자은행
capital raising 자금 동원
misconception 잘못된 인식, 오해, 착각

3. We've seen a record growth in exports in June on a YoY basis.

6월 수출 증가율이 전년 동기 대비 사상 최고를 기록했습니다.

BACKGROUNDER

해외 기관투자가에게 투자금융회사의 전략 담당 직원strategist이 거시 경제지표macro economic figures와 모델 포트폴리오를 갖고 주식시장에 대한 향후 전략을 음성 메일voice mail로 남기는 일은 아주 중요하다. 이럴 경우 조사부 팀장head of research이 전략 담당 직원을 겸할 수도 있는데 큰 흐름을 잡아 주는 핵심 투자 전략strategic investment plan을 짜서 주요 고객들에게 직접 전달하거나 브로커들에게 전달하는 역할을 한다. 개인투자자들도 거래하는 증권사의 시장 투자전략을 시시각각으로 파악하려는 노력과 관심을 기울이면 시장을 이해하는 시야가 훨씬 더 넓어질 것이다.

KEY WORDS

record growth 기록적인 증가율
stats 통계자료
sector 업종
domestic plays 내수 관련 기업 주식
Consumer Confidence Index 소비자 신뢰지수
at the early starting bell 개장할 때

EXPRESSIONS

We've seen a record growth in exports in June on a YoY basis.
6월 수출 증가율이 전년 동기 대비 사상 최고를 기록했습니다.

Current account surplus in June has shown a historic high on a monthly basis.
6월 경상수지 흑자는 월별 기준으로 사상 최고치에 달했습니다.

I'd like to point out that our trade surplus in June is sustainable by looking at the tremendous growth on a month on month basis.
전달 대비 엄청난 성장을 한 것으로 봐서 6월의 무역수지 흑자가 계속 이어질 수 있다는 점을 지적하고 싶습니다.

 MP3 S08-3

DIALOGUE

A (Voice Mail) Hi, this is John Lim at Securities One. Just to give you bullet points this morning, **we've seen a record growth in exports in June on a YoY basis.** This news will be a catalyst for the market to go up sharply at the early starting bell. The IT export growth has been the main engine for this performance, and I reckon this trend will be factored into strong share price movements for Samsung Electronics and LG Electronics. That's about it for now, and if you have any questions, please call me back. Thanks. Bye!

B (Return Call) Regarding your message, I've got to find out domestic consumption stats for June. May was bad, but I'm curious about June. And also can you tell me the best sector I should buy at this stage?

A June consumption was neutral since people are still not spending, but July will be better due to the fact that the Consumer Confidence Index is improving. Regarding my recommendation, I am a buyer of domestic plays such as SK and NHN.

A (음성 메일) 안녕하세요, Securities One의 투자 전략 담당 John Lim입니다. 오늘 아침에 간단히 말씀드리자면, 6월 수출 증가율이 전년 동기 대비 사상 최고를 기록했네요. 이 뉴스는 장이 시작하자마자 주가를 올리게 하는 촉매 역할을 할 것입니다. IT 수출 증가율이 이런 실적을 가져오게 리드했고, 이 추세는 삼성전자와 LG전자 주가 상승을 부추길 것으로 보입니다. 이상이고, 질문이 있으시면 연락 주세요. 감사합니다. 안녕히 계세요!

B (회신 전화) 메시지 관련해서 6월 국내 소비 증가율을 알아야 하는데요. 5월이 별로 안 좋았는데, 6월이 궁금해요. 그리고 지금 제가 어떤 업종의 종목을 사야 하는지 말씀해 주시겠어요?

A 6월 소비 증가는 사람들이 아직 소비를 하지 않아 보통이라고 여겨지지만, 7월은 소비자 신뢰지수가 나아지고 있기 때문에 더 좋아질 것이라고 봅니다. 저의 의견으로는 SK와 NHN 같은 내수주 매수를 추천합니다.

---

record growth 사상 최고의 기록적인 성장
at the early starting bell 주식시장의 시작을 알리는 종이 울릴 때, 시초가가 형성될 때
be factored into ~에 반영되다
stats (statistics) 통계자료, 통계수치
sector (산업의) 업종, 부문
Consumer Confidence Index 소비자 신뢰지수
domestic plays 내수 소비 관련 기업의 주식

4 How has your work-out been coming along lately?
요즈음 하는 운동은 잘 되고 있나?

BACKGROUNDER

홍콩 주식시장에 근무하는 부지런한 투자금융가나 펀드매니저fund manager들은 휴장 recess하는 점심시간을 이용하여 고객과 점심을 하는 경우가 아니면, 헬스클럽에 가서 운동을 한 후 간단한 샐러드나 샌드위치로 자기 자리에 있는 컴퓨터 스크린을 보면서 간단히 끼니를 때우기도 한다. 금융산업 참여자들은 하루 종일 자리에 앉아 컴퓨터 스크린에 떠오르는 현란한 그래프와 귀가 먹먹해질 정도로 시끄러운 매매 데스크의 전화벨 소리 등 스트레스 요인을 많이 접하게 된다. 따라서 자신의 몸 관리를 프로답게 하지 않으면 정신이나 마음이 쉽게 흐트러질 수 있어 업무수행performance에 차질이 생길 수 있다는 점을 명심하자.

KEY WORDS

work-out 운동
come along 잘 되어가다
in excellent shape 아주 보기 좋게 건강한

EXPRESSIONS

How has your work-out been coming along lately?
요즈음 하는 운동은 잘 되고 있나?

I think I'm coming down with a cold.
감기 기운이 있어요.

My whole body aches. / I ache all over.
몸살이 나서 온몸이 욱신거린다.

Dialogue

A Wow, time flies. Time for lunch.
B What would you like to have for lunch?
A I think I'm just going downstairs to grab something to eat. How about you?
B I'm on a diet. I'll just have salad after working out in the gym.
A I'm impressed. **How has your work-out been coming along lately?**
B Oh, it's getting there. Besides, I found the lunch hour work-out a pretty good timesaver.
A I envy you. Someday, I'll join you in your club.
B Come on. You don't need to work out. You're in excellent shape.
A What are you talking about? You have not seen my belly, not to mention fat here and there.

A 와, 시간 잘 가네. 점심시간이야.
B 점심 뭐 먹고 싶어?
A 나는 그냥 아래층에 내려가서 간단하게 뭣 좀 먹을 거야. 자네는?
B 나는 다이어트 중이야. 체육관에서 운동한 다음에 샐러드나 사 먹을 거야.
A 감동적이군. 요즈음 하는 운동은 잘 되고 있나?
B 아, 그냥 할 만해. 게다가 점심시간에 운동하면 시간이 참 많이 절약되더군.
A 부럽다. 언젠가 나도 자네 클럽에 가입할 거야.
B 왜 이러시나. 자네는 운동할 필요 없어. 아주 보기 좋게 건강하다고.
A 대체 무슨 소릴 하는 거야? 자네가 내 배를 못 봐서 그래, 여기저기 붙은 비계는 고사하고 말이야.

go downstairs 아래층으로 내려가다
grab (끼니를) 가볍게 때우다
work-out 운동
come along 잘 되어가다, 익숙해지다
timesaver 시간을 절약해 주는 것
in excellent shape 몸 상태가 아주 좋은, 건강한
belly 배, 복부

REVIEW

Please translate this sentence in English using the key words.

1 당신의 투자 철학에 대해 말씀해 주시겠습니까? (investment philosophy)

2 나는 그냥 은행 이자보다 좀 더 높은 수익을 얻고 싶어요. (extra return)

3 나는 어떤 지수 대비 초과 수익을 얻으려는 것과는 반대로 절대 수익을 얻으려고 할 뿐입니다. (beat any benchmark index)

4 사모투자전문회사는 기업 가치를 높여 줄 수 있을까요? (private equity fund)

5 6월 수출 증가율이 전년 동기 대비 사상 최고를 기록했네요. (a record growth)

6 나는 그냥 아래층에 내려가서 간단하게 뭣 좀 먹을 거야. (grab something to eat)

7 요즈음 하는 운동은 잘 되고 있나? (come along)

Session 09

Sales Situation
1. What will happen to our market if MSCI includes Korea in its developed market index?
   MSCI가 한국을 선진시장지수에 편입한다면 국내 시장에 어떤 변화가 있을까요?

Investment Banking Situation
2. Because of the legal matter, we need to get an approval from the Financial Services Commission.
   법률적인 문제가 있어서 금융위원회의 허가를 받아야 합니다.

Research Situation
3. A stock price is defined as the discounted value of future earnings growth.
   주가란 미래 수익 가치에 대한 현가라고 정의합니다.

In-street Situation
4. No venture, no gain.
   호랑이 굴에 들어가야 호랑이를 잡는다.

1. What will happen to our market if MSCI includes Korea in its developed market index?

MSCI가 한국을 선진시장지수에 편입한다면 국내 시장에 어떤 변화가 있을까요?

BACKGROUNDER

MSCI Korea 지수란 모건스탠리Morgan Stanley의 자회사인 모건스탠리캐피털인터내셔널Morgan Stanley Capital International: MSCI이 한국 증시 투자에 앞서 전 세계 외국인 투자가가 벤치마크benchmark하도록 유동성liquidity, 시가총액market capitalization 등을 종합적으로 고려해 한국 증시 대표주representing stocks로 구성한 것이다. 이 지수는 100여 개의 구성 종목들을 보유하고 있으며 이는 KOSPI 200의 구성 종목들과 대부분 일치한다. 외국인 투자가의 입장에서는 정기적인 기업 탐방 등을 통해 한국 기업에 대한 정보를 충분히 보유하고 있더라도 안정적인 투자를 위해서는 국내 투자에 앞서 MSCI Korea 지수를 참조하는 수밖에 없다.

지난 10여 년 동안 우리 주식시장에서 가장 기다려 온 이슈 중 하나인 한국 주식시장의 MSCI 선진시장지수developed market index 편입은 MSCI가 그동안 계속 편입 시기를 고심해 왔지만 다음과 같은 세 가지 걸림돌 즉, 1) 외국인 투자가 ID 제도, 2) 파생 상품 투자 제약 등 시장 정보 활용의 어려움, 3) 24시간 환전제도 부재 등을 이유로 성사되지 못했다. 하지만 향후 정치·사회적 리스크 감소, 그리고 신흥시장에서의 한국의 위상 등도 감안한다면 조만간 MSCI 선진시장 편입은 밝은 전망이라고 생각한다.

KEY WORDS

ex-Japan Asia MSCI 일본 제외 MSCI 아시아 지수
huge rally 대세장
repercussion 영향
asset allocation 자산 배분

EXPRESSIONS

What will happen to our market if MSCI includes Korea in its developed market index? MSCI가 한국을 선진시장지수에 편입한다면 국내 시장에 어떤 변화가 있을까요?

What can we expect in our equity market when FTSE includes Korea in its developed market index in year 2006? FTSE가 2006년에 한국을 선진시장에 편입할 때 우리 주식시장에 어떤 변화를 예상할 수 있나요?

What are you going to do if ex-Japan Asia MSCI increases the current Korean weighting? 일본 제외 MSCI 아시아지수에 한국 비중이 높아진다면 어떤 조치를 취하시겠습니까?

MP3 S09-1

DIALOGUE 1

A What do you think about the Korean weighting in the ex-Japan Asia MSCI?

B The current 18% weighting doesn't seem adequate since Korea is getting more popular among global equity investors.

A **What'll happen to our market if MSCI includes Korea in its developed market index?**

B Apparently, more global money will be invested in Korea, so that we may see a huge rally in our equity market.

A 일본 제외 MSCI 아시아지수상의 한국 편입 비율에 대해 어떻게 생각하십니까?

B 현재의 18% 편입 비율은 한국이 세계 주식 투자가들 사이에서 인기가 높아지고 있는 것에 비추어 볼 때 충분하지 않은 것 같습니다.

A MSCI가 한국을 선진시장지수에 편입한다면 국내 시장에 어떤 변화가 있을까요?

B 더 많은 국제 자금이 한국에 투자될 것이고, 그렇게 되면 우리 주식시장이 대폭 상승할 가능성도 있어 보입니다.

ex-Japan Asia MSCI 일본을 제외한 MSCI의 아시아지수 (아시아 주식시장을 말할 때 항상 일본 시장은 제외하는 경향이 있음)
adequate 적당한, 충분한
huge rally 대세장

DIALOGUE 2

A It's time for MSCI to review country weightings. At a time for changing MSCI, fund managers tend to be ultra-sensitive for any adjustment. It can be directly related to their performance.

B Then, **what will happen to our market if MSCI includes Korea in its developed market index?**

A Obviously, it could create a huge repercussion to foreign fund managers in terms of asset allocation.

A 이제 MSCI가 각국의 편입 비율을 검토할 때가 됐군요. MSCI가 변할 때마다 기관투자가들은 어떤 조정이 있나 하고 극도로 예민해지는 경향이 있지요. 바로 자기 실적하고 연관이 될 수 있거든요.

B 그러면 MSCI가 한국을 선진시장지수에 편입한다면 국내 시장에 어떤 변화가 있을까요?

A 분명히 외국 기관투자가들은 자산 배분 측면에서 엄청난 영향을 받을 수 있습니다.

ultra-sensitive 극도로 예민한
repercussion 되돌아옴, 반사; 영향
asset allocation 자산 배분

2. Because of the legal matter, we need to get an approval from the Financial Services Commission.

법률적인 문제가 있어서 금융위원회의 허가를 받아야 합니다.

BACKGROUNDER

금융시장에서는 언제나 잠재potential 투자가를 대상으로 새로운 기법의 금융상품financial product이 끊임없이 개발되는데, 투자가 보호 차원에서 상품을 출시하기 전에 금융위원회Financial Services Commission로부터 허가를 받아야 하는 경우가 있다. 그러나 간혹 허가를 받은 금융상품이라고 하더라도 앞서가는 금융기법financial technic으로 고수익을 내세워 투자가들을 현혹하는 금융상품도 있으므로 항상 전문가의 조언을 참고하여 투자가 본인이 충분히 이해한 다음에 스스로 결정하는 것이 좋다. 예상 수익이 높을수록 그에 상응하는 잠재 위험도 커질 수 있기 때문이다. '증권투자는 본인의 판단과 책임 하에'라는 표어를 잊지 말자.

KEY WORDS

launch 출시하다
approval 허가
Financial Services Commission 금융위원회
get (a) hold of 접촉하다
get through 끝마치다
exotic 색다른
barrier option 배리어 옵션
market tapping 시장 탐색

EXPRESSIONS

Because of the legal matter, we need to get an approval from the FSC.
법률적인 문제가 있어서 금융위원회의 허가를 받아야 합니다.

Without informing the relevant authority, we can't go on with this project.
관련 당국에 보고하지 않고는 이 프로젝트를 더 이상 추진할 수 없습니다.

Due to the nature of this upcoming issue, I suggest we should get a special permission by a senior government officer.
이번에 발행하는 상품의 성격상 우리가 정부 고위 당국자에게 특별 허가를 받아야 된다고 생각합니다.

 MP3 S09-2

DIALOGUE 1

A We're about to launch a new ELS product.
B Are we allowed to sell this new issue even in overseas countries?
A **Because of the legal matter, we need to get an approval from the Financial Services Commission.** I tried to get a hold of someone there all morning, but I couldn't get through.
B It's O.K. Let's call it a day.

A 우리는 새로운 ELS 상품을 출시하려고 합니다.
B 이 신상품은 외국에서도 판매하도록 허가를 받았나요?
A 법적인 문제가 있어서 금융위원회의 허가를 받아야 합니다. 오전 내내 그쪽에 있는 담당자에게 연락하려고 전화를 걸어 보았지만 통화를 하지 못했습니다.
B 괜찮아요. 오늘은 이만 끝냅시다.

launch (새로운 상품을) 출시하다, 시작하다
get (a) hold of 접촉하다
get through 마치다, 성취하다

DIALOGUE 2

A Our ECM desk will introduce new exotic barrier options.
B That's pretty cool. When can we start selling this product?
A **Because of the legal matter, we need to get an approval from the Financial Services Commission.** In the meantime, would you please get pre-market demand before we actually launch?
B Of course. Let me just shop around for an initial market tapping.

A 저희 주식발행시장부에서는 색다른 배리어 옵션을 출시하려고 합니다.
B 아주 잘됐군요. 언제부터 이 상품을 판매할 수 있나요?
A 법적인 문제가 있어서 금융위원회의 허가를 받아야 합니다. 그동안에, 실제 출시에 앞서 시장 수요 예측 좀 해 주시겠습니까?
B 물론이죠. 그냥 시장을 둘러보면서 일차 시장 탐색을 한번 해 보죠.

ECM (equity capital market) 주식발행시장부 *cf*. debt capital market 채권발행시장부
barrier option 배리어 옵션: 정해진 가격이 되면 바로 행사하여 환매되는 옵션 상품
shop around 상품을 구경하고 다니다
market tapping 시장 탐색: 본격 출시에 앞서 시장 상황을 가볍게 알아보는 일

3. A stock price is defined as the discounted value of future earnings growth.
주가란 미래 수익 가치에 대한 현가라고 정의합니다.

BACKGROUNDER

세계적으로 유명한 펀드매니저인 피터 린치Peter Lynch의 유망종목 선정 방법은 기본적으로 '기업 방문을 하여 발로 뛰는 습관을 들여라'라는 것인데 그는 다음과 같은 종목을 선호하고 있다.

1. 전통적인 펀드매니저들이 관심을 갖지 않는 소외 종목
2. 하이테크 생산기업보다 이를 이용하는 기업
3. 내부자insider가 매입하는 종목
4. 분석가들의 최고 인기종목과 대중적인 인기종목은 제외
5. 미래에 PER이 낮아질 종목
6. 기업의 내부정보, 성장전망, 수익전망이 좋은 성장주
7. 대형주보다는 성장성이 높은 중소형주

KEY WORDS

definition 말뜻
convincing 설득력 있는
reputable 평판이 좋은
minority shareholder 소액주주
reference 참고

EXPRESSIONS

A stock price is defined as the discounted value of future earnings growth.
주가란 미래 수익 가치에 대한 현가라고 정의합니다.

Stock prices can be reflected by the overall economy and the corporate earnings.
주가는 경제와 기업 이익에 의해 반영될 수 있습니다.

Stock prices are said to be a leading indicator of the real economy.
주가는 실물 경제의 선행지수라고 합니다.

 MP3 S09-3

DIALOGUE

A What are your criteria for investing into stocks? You must have established your own standards during your long experience.

B Well, before I answer your question, let me ask you a simple question, first. How do you define a stock price?

A Traditionally, **a stock price is defined as the discounted value of future earnings growth.** However, I'm not sure whether this is a good definition nowadays.

B I think you answered my question in a way I wanted to hear. I may sound a little boring, but that's the starting point at which I can talk about my standards. Although I don't sound convincing like Peter Lynch, I've got my own four standards as follows: 1. This company possesses an in-house technology which improves human life. 2. This company must show an ability to post continuous sales and earnings growth. 3. This company has a transparent management which knows how to be friendly with minority shareholders. 4. A group of reputable local or global institutional investor has already invested in this company.

A Very interesting. Perhaps I should write this down for future reference.

A 너의 주식투자 기준은 뭐야? 오랜 경험을 통해서 틀림없이 자신만의 기준을 세워 놓았을 텐데.

B 글쎄, 질문에 답하기 전에 먼저 간단한 질문 하나 할게. 너는 주가의 정의를 뭐라고 생각해?

A 전통적으로 주가란 미래 수익 가치에 대한 현가(現價)라고 정의하지. 하지만 요즘에는 이게 적합한 정의인지는 확신하지 못하겠어.

B 내 물음에 듣고 싶었던 대답을 해 준 것 같네. 좀 따분하게 들리겠지만, 바로 그 정의에서부터 시작해 나의 기준을 말해 줄 수 있지. 내 말이 Peter Lynch만큼 설득력 있게 들리지는 않겠지만, 나의 4가지 투자 기준은 이런 거야. 1. 인류의 삶을 향상시킬 수 있는 기술을 자체적으로 개발한 회사. 2. 지속적인 매출과 이익을 낼 수 있는 능력을 보여 주는 회사. 3. 소액투자가에게 우호적인 투명한 경영을 하는 회사. 4. 평판이 좋은 국내외의 글로벌 기관투자가 그룹이 이미 투자하고 있는 회사.

A 매우 흥미롭군. 적어 두었다가 나중에 참고해야 되겠어.

---

definition 정의, 말뜻
discounted value 현가(現價): 미래에 지불하기로 되어 있는 금액에서 지불 날짜까지의 이자를 뺀 금액
convincing 설득력 있는, 수긍이 가게 하는
in-house technology 자체 개발한 기술
reputable 평판이 좋은
minority shareholder 소액투자가, 소액주주
reference 참고

4 No venture, no gain.
호랑이 굴에 들어가야 호랑이를 잡는다.

BACKGROUNDER

증권회사에서는 회의나 모임이 정말로 많다. 다음은 증권회사에서 볼 수 있는 회의의 종류와 특징이다.

* **워크숍**workshop 주어진 프로젝트나 업무 처리 방법 등에 대하여 결론에 도달할 때까지 모인 사람들이 논쟁하며 합의를 이끌어 내는 방식. 주로 내부 회의internal meeting이며, 목표 의식을 가지고 고정관념을 탈피한out-of-the-box 사고를 하는 시간임.

  컨퍼런스conference 회사의 주요 업무나 안건에 대해 부서장 및 관련자들이 모여 하는 회의. 직접 만나지 않고 스피커폰을 통하여 이루어지는 컨퍼런스 콜conference call은 주로 사내 직원들 간의 의사소통이나 2명 이상의 투자가와 신속한 정보 전달이 필요할 때 쓰임. 넓게는 투자 세미나와 같은 의미로도 쓰임.

  투자 세미나investment seminar 투자발표회investment presentation라고도 하며 다수의 투자가를 초청하여 공동으로 투자에 관한 토론 및 연구를 하는 모임. 상장회사나 등록회사도 함께 초청하여 투자 유치에 필요한 발표를 하며, 간혹 주요 기관투자가는 별도로 투자 유망한 기업이나 이미 투자된 회사와 개별 회의one-on-one meeting를 하기도 함.

  투자 포럼investment forum 주로 공개 투자 토론회를 말하며 라디오나 텔레비전의 토론 프로그램 형식임.

KEY WORDS

reinforce 강화하다   **effectively** 효과적으로

EXPRESSIONS

No venture, no gain.
호랑이 굴에 들어가야 호랑이를 잡는다.

Be persistent in pursuing your dreams.
중도에 포기하지 말고 꿈을 추구하라.

There is a fine line between success and failure.
성공과 실패는 종이 한 장 차이다.

DIALOGUE

A Market's moving too slow these days. How about having a workshop to rebuild our team spirit?

B Do you know what T.E.A.M. stands for? It stands for "Together Everyone Achieves More." So, I agree that we should have a workshop to reinforce our team concept.

A Excellent! What about other people's opinion?

C We can get an idea about how to service our clients more effectively through team effort. I've noticed that we are often too self-centered in the office.

D That's right. We've been too busy focusing on our own work. We need to care for the colleagues we are working with. At the end of the day, clients will be happier when we service them as a team.

B O.K. We'll find out more about the team concept at the workshop.

D **No venture, no gain.** Unless we take action, we don't know what good things are ahead of us. I'm getting really excited over this workshop.

C Let's go to some place where we can enjoy outdoor sports together with our workshop.

A 요즘 시장 움직임이 너무 둔해요. 우리 팀워크를 다지기 위해 워크숍을 하면 어떨까요?

B 팀(T. E. A. M.)이 무엇을 의미하는지 아세요? '모두 함께하면 더 많은 것을 성취한다'는 뜻이지요. 그러니까 나는 워크숍을 통해 팀 결속력을 강화하는 것에 찬성합니다.

A 훌륭해요! 다른 사람들 의견은 어때요?

C 팀이 합심해 노력하면 어떻게 해야 효과적으로 고객에게 서비스를 제공할 수 있는지에 대한 아이디어를 얻을 수 있습니다. 내가 보기에 우리는 직장에서 너무 자기중심적일 때가 많아요.

D 맞습니다. 우리는 자기 일에 급급해 너무 바쁘죠. 우리는 함께 일하는 동료들에게 관심을 가져야 합니다. 결국 우리가 팀으로 서비스를 제공한다면 고객들은 더욱 기뻐할 것입니다.

B 좋아요. 워크숍 때 팀 정신에 대해 좀 더 연구하기로 합시다.

D 호랑이 굴에 들어가야 호랑이를 잡는다. 어떠한 행동도 취하지 않는다면 우리 앞에 어떤 좋은 것들이 있는지 알 수 없는 거잖아요. 이번 워크숍이 정말 기다려지는데요.

C 워크숍도 하고 야외 스포츠도 함께 즐길 수 있는 장소로 갑시다.

---

team spirit 협동 정신, 팀워크
reinforce 강화하다
effectively 효과적으로 (일을 끝내는 것에 초점)   *cf.* **efficiently** 효율적으로
self-centered 자기중심적인
at the end (of the day) 결국에는
No venture, no gain. 호랑이 굴에 들어가야 호랑이를 잡는다. (= No pain, no gain.)

REVIEW

Please translate this sentence in English using the key words.

1 MSCI가 한국을 선진시장지수에 편입한다면 국내 시장에 어떤 변화가 있을까요?
(its advanced market index)

2 오전 내내 그쪽에 있는 담당자에게 연락을 하려고 전화를 걸어 보았지만 통화를 하지 못했습니다. (get hold of)

3 주가란 미래 수익 가치에 대한 현가라고 정의하지. (defined as)

4 결국 우리가 팀으로 서비스를 제공한다면 고객들은 더욱 기뻐할 것입니다.
(at the end of day)

5 호랑이 굴에 들어가야 호랑이를 잡는다. (venture)

Session 10

Sales Situation
1 **We need some block trading to get the job done.**
체결하려면 자전거래로 해야 되겠군요.

Investment Banking Situation
2 **How tight is your compliance department?**
귀사의 준법감시부는 얼마나 엄격한가요?

Research Situation
3 **The top 20 blue chip shares will outperform the market.**
상위 20개 우량주가 시장 수익률을 상회할 것이다.

In-street Situation
4 **We had a good turnout in our investment seminar.**
본사의 투자설명회는 성황리에 열렸습니다.

1. We need some block trading to get the job done.
체결하려면 자전거래로 해야 되겠군요.

BACKGROUNDER

증권회사 매매 데스크는 고객의 매매 주문을 고객의 요구사항에 따라 신속히 체결하기 위해 브로커들이 모여 있는 곳이다. 고객에게 시장 정보, 개별 종목의 특성 등을 거론하면서 브로커들은 각자 담당 고객의 주문을 받아 그 주문의 체결을 위해 공동으로 노력한다. 예를 들어, 기관투자가의 주문은 매매 거래 단위가 커서 매수 주문을 받으면 시장에서 주어진 가격으로 한꺼번에 체결하기 어려운 경우가 많다. 이런 경우, 다른 고객에게 매도 주문을 유도해 내어 미리 정해진negotiated 가격에 블록block으로 동시에 주문을 내어 체결하는데 이를 자전거래block trading라 한다.

거래량이 많은 대형주일수록 자전거래가 용이해지고 따라서 가능한 한 투자가가 원하는 가격에 거래가 이루어질 수 있는데 이를 해당 종목의 '유동성liquidity이 좋다'라고 한다. 개인투자가는 매매하는 종목의 거래량이 한순간에 갑자기 늘어나면 기관성 물량이 거래되어 해당 종목의 손바뀜이 활발해지고 있다는 것을 감지해야 한다. 거래량은 주가의 그림자라는 말을 되새겨 볼 때인 것이다.

KEY WORDS

bid 매수 가격
offer 매도 가격
at the moment 현재
which is what 다시 말하면
block trading 자전거래
ASAP 가능한 한 빨리

EXPRESSIONS

We need some block trading to get the job done. 체결하려면 자전거래로 해야 되겠군요.

Can anyone find me a block so that I can get it done immediately?
이거 얼른 끝내도록 누가 물량 좀 구해 줄 수 있나요?

There is no way we can execute this order in the market without pushing the share price because this is too big.
너무 큰 주문이라 시장에서 가격을 높이지 않고는 체결시키기가 어렵습니다.

 MP3 S10-1

DIALOGUE 1

A This is Charlie from Funds. I need Samsung SDI. What's the bid and offer now?

B Yes, Charlie. The bid is ₩130,000, and the offer is ₩132,000 at the moment.

A Fine. I want to buy at ₩131,000 or better for USD10 million, which is what, approximately 90,000 shares. This is for ID 22827, Emerging Umbrella Fund.

B Got it. **We need some block trading to get the job done.** I'll call you back.

A Funds의 Charlie이에요. 삼성 SDI 관련인데요. 현재 매수, 매도 가격이 얼마죠?

B 네, Charlie. 매수 호가 130,000원, 매도 호가 132,000원입니다.

A 좋아요. 미화 1천만 불어치 131,000원이나 더 나은 가격으로 사 주세요. 한 9만 주가량 되겠네요. 계좌는 ID 22827, Emerging Umbrella Fund입니다.

B 감사합니다. 체결하려면 자전거래로 해야 되겠네요. 다시 전화 드릴게요.

which is what 즉, 다시 말하면

DIALOGUE 2

A Can you give me a reduction in commission rate for a trade for Funds? **We also need some block trading to get the job done.**

B Sure. We'll charge them only 20 basis points for this particular trade.

A Thanks, that sounds pretty competitive. Make sure our sales traders find a block sell ASAP.

B No worries. We've already got a block of 50,000 shares from Future Asset at that price. And, we'll work on the balance in the market until the closing.

A Funds의 매매 한 건에 대한 수수료를 할인해 줄 수 있나요? 체결하려면 자전거래도 해야 되고요.

B 그러죠. 이번 건에 한해 0.2%만 받을게요.

A 고마워요. 그 정도면 충분히 경쟁력 있는 수수료인 듯합니다. 우리 트레이더들이 가능한 한 빨리 팔자 블록을 찾도록 해 주세요.

B 걱정 마세요. 벌써 그 가격에 퓨처 에셋에서 5만 개 팔자 주문이 들어왔어요. 나머지는 장 끝나기 전까지 장내에서 체결할게요.

ASAP (as soon as possible) 가능한 한 빨리
No worries. 걱정하지 마라. (=Don't worry.)

2. How tight is your compliance department?
귀사의 준법감시부는 얼마나 엄격한가요?

BACKGROUNDER

1995년 2월, 필자가 영국 베어링Baring 증권사 홍콩 현지 법인에 근무할 때 베어링 증권이 파생금융상품 거래에서 실패하여 파산하는 바람에 네덜란드 ING 그룹으로 단돈 1파운드에 넘어갔다. 이 사건은 닉 리슨Nick Leeson이라는 싱가포르 직원 하나가 니케이Nikkei 지수가 일정 범위 내에서 움직일 것으로 보고 쇼트스트래들short straddle이라는 운용기법에 손을 댔으나 지수가 예상과는 달리 고베 지진으로 폭락해 발생하였다. 약 1.2조 원의 손실이 발생하는가 하면, 회사 자금이 불법적으로 들어간 회사 계좌가 밝혀져 결국 225년 역사의 영국 최고의 베어링 금융그룹을 치욕적으로 네덜란드인들Dutchmen에게 넘겨주게 된 것이다.

파산하고 4일째 되는 날에 필자는 ING 베어링으로 이름만 바뀐 회사에 다시 출근했지만 그때 경험한 파생상품의 위험성은 평생 잊지 못하게 되었다. 그러나 파생상품을 필요 이상으로 지나치게 규제하는 것은 바람직하지 않다. 철저한 내부통제와 직원교육을 하는 동시에 파생상품 투자와 운용을 통한 수익률 제고 및 헤지의 이점 등은 살려야 한다고 본다.

참고 영화: 〈Gamble(원제는 Rogue Trader)〉, 이완 맥그리거 주연, 2000년 출시

KEY WORDS

collapse 붕괴
go under 파산하다
compliance department 준법감시부
in-house trading desk 상품운용부

EXPRESSIONS

How tight is your compliance department?
귀사의 준법감시부는 얼마나 엄격한가요?

How powerful is your legal team?
귀사의 준법감시팀은 얼마나 영향력이 있나요?

I've just wondered how good your internal control system is.
귀사의 내부통제 시스템이 얼마나 잘 되어 있는지 궁금합니다.

DIALOGUE

A Do you remember the collapse of Baring Securities, back in February, 1995? One trader named Nick Leeson made the oldest investment bank go under overnight.

B Yes, I remember. That was a real big surprise all over the world at that time. Since then, financial institutions have been very strict in setting up their internal control system.

A That's right! Sometimes more than necessary, they become too powerful over any other department in organizations. In that regard, **how tight is your compliance department?**

B In our case, traders at the in-house trading desk have individual limits depending on their positions. The more senior you are, the bigger the limits are. And also there is a limit for a total trading amount of USD5 million per day.

A I see. However, people tend to go over their limit without realizing it. They hope one trade could make the whole thing turn around.

A 1995년 2월에 발생했던 베어링 증권의 몰락을 기억하시나요? Nick Leeson이라는 트레이더가 하룻밤 사이에 가장 오랜 역사를 지닌 투자은행을 부도나게 한 사건이었죠.

B 네, 기억합니다. 그 당시에 정말 큰 충격이었죠. 그때부터 금융기관들이 내부통제 시스템을 매우 까다롭게 정하게 되었지요.

A 맞아요. 때로는 내부통제 부서가 조직 내의 다른 부서보다 필요 이상으로 지나치게 많은 권한을 행사하기도 하죠. 그런 의미에서 귀사의 준법감시부는 얼마나 엄격한가요?

B 우리 회사의 경우 상품운용부의 트레이더들은 각자의 직급에 따라 한도를 갖고 있죠. 직급이 높을수록 한도도 늘어납니다. 또한 당일 전체 매매액수도 미화 5백만 불로 한도가 정해져 있죠.

A 그렇군요. 하지만 그래도 사람들은 자기도 모르게 그 한도를 넘어서곤 하죠. 한 방에 모든 것을 만회할 수 있기를 바라니까요.

---

collapse 붕괴, 몰락
go under 파산하다, 파멸하다
compliance department 준법감시부
in-house trading desk 상품운용부 (회사 자기 계정으로 자금을 운용함)

3 The top 20 blue chip shares will outperform the market.
상위 20개 우량주가 시장 수익률을 상회할 것이다.

BACKGROUNDER

우량주blue chip란 주식시장에서 실적과 현금 흐름이 좋고 경영이 안정적인 회사의 주식을 의미한다. 우량주 또는 블루칩으로 불리기 위해서는 건전한 재무구조와 안정성이 가장 중요하다. 성장성이 크거나 배당을 많이 하는 회사를 우량주의 요건에 넣는 경우도 있으나, 무엇보다 중요한 요건은 현금 흐름과 안정성이라고 요약할 수 있다. 예를 들어 삼성전자는 대한민국 증시의 대표적인 블루칩으로, 보유 현금이 많고 높은 시장 점유율을 유지하고 있으며 큰 자본을 소유한 거대 기업으로서 안정성이 담보되기 때문에 우량주라 말할 수 있는 것이다.

우량주와 반대되는 개념으로는 잡주penny stock가 있으며, 대비되는 개념으로는 테마주theme stock가 있다. 우량한 종목이 테마주가 되는 경우도 있지만, 테마주는 개연성이 적은 원인으로도 주가가 심하게 급등락한다는 점에서 실적에 의해 등락하는 우량주와는 다르다.

큰 자금을 굴리는 기관투자가들은 거래량이 적은 소형주를 거래하기가 어려우므로, 시가총액과 거래량이 큰 대형주들 즉 우량주 위주로 포트폴리오를 짜게 된다. 그런데 우량주들은 대체로 주당 가격이 비싸고 등락이 적으므로, 적은 자금을 굴리는 개인투자가들은 상대적으로 등락이 크고 높은 수익률을 기대할 수 있는 소형주 및 테마주 등으로 몰리는 경향이 있다.

KEY WORDS

outperform 수익률이 더 높다
blue chips 우량주
public pension fund 연기금
invisible hand 보이지 않는 손
domestic plays 내수 관련 기업 주식

EXPRESSIONS

The top 20 blue chip shares will outperform the market.
상위 20개 우량주가 시장 수익률을 상회할 것이다.

Those index-sensitive shares such as Samsung Electronics will see a correction soon.
삼성전자와 같은 지수 관련 주가는 곧 조정을 보일 것이다.

Those foreign-favored large-cap shares tend to outperform the market.
외국인이 좋아하는 대형주는 시장 수익률을 상회하는 경향이 있다.

DIALOGUE

A Today is the first day of the rest of my life.

B Not again. What did you do this time?

A It's likely that this year will be the first year for investing in the blue chips for the long term. I bought some shares of core blue chips, and will hold them for a while. Regardless of market sentiment, I believe these counters will do better.

B Way to go. I also think that **the top 20 blue chip shares will outperform the market** just like the way 'the Nifty 50' did back in the 70's in the U.S. 'The Nifty 50 phenomenon' was a situation where the biggest blue chips continued to rise, regardless of the share price movement of the entire market. Thanks to the revision of the Public Pension Fund act, we're expecting more than ₩6 trillion worth of new money to come into the equity market. The blue chips will be the main target for this money.

A I hope that the government keeps coming up with equity-market-friendly policies.

B Don't worry about it. Our equity market is now mature enough to be moved by 'the invisible hands of the economy.' Any instant government measures would not matter. What really matters are quality corporate earnings and a healthy economy.

A 오늘부터 내 인생은 새 출발이다.

B 또 시작이네. 이번엔 또 뭐야?

A 올해는 우량주 장기 투자의 원년이 될 가능성이 높아. 그래서 핵심 우량주들을 좀 매수했고 얼마 동안 팔지 않고 있을 거야. 시장 분위기와는 상관없이 이런 종목들이 상승할 거라고 확신해.

B 아주 잘했네. 나도 미국에서 70년대에 '니프티 50'가 그랬던 것처럼 상위 20개 우량주가 한국 시장에서도 시장 수익률을 상회한다고 봐. '니프티 50 현상'은 그 당시 미국 증시의 등락과 무관하게 대표 우량주 50개의 주가가 급등했던 것을 말하지. 우리 시장에서는 기금관리기본법 개정으로 올해 연기금의 신규 주식투자 가능액이 6조 원을 상회할 것으로 기대하고 있지. 우량주가 이런 돈의 주요 표적이 될 거야.

A 정부가 주식시장에 우호적인 정책을 계속 내놓았으면 좋겠는데.

B 그건 걱정하지 마. 우리 주식시장은 이제 '경제의 보이지 않는 손'에 의해 움직일 정도로 성숙해 있으니까. 정부가 어떤 일시적인 정책을 내놓아도 문제는 없을 거야. 정말 중요한 것은 양질의 기업 이익과 튼튼한 경제라고.

---

outperform ~보다 수익률이 우수하다 *opp.* **underperform** ~보다 수익률이 저조하다
Way to go. 잘했군. (비꼬는 의미로도 쓰임)
public pension fund 연기금
invisible hand 보이지 않는 손: 시장을 움직이는 가장 영향력 있는 힘 (개인의 이익 추구가 보이지 않는 손에 의해 사회 전체의 이익으로 연결된다는 Adam Smith의 경제 이론)

4. We had a good turnout in our investment seminar.
본사의 투자설명회는 성황리에 열렸습니다.

BACKGROUNDER

필자의 경험으로 외국 기관투자가가 제일 좋아하는 브로커의 전문 서비스professional service는 대기업은 물론 코스닥 기업들의 해외 투자설명회investment presentation를 자기 나라에서 개최해 주는 것이라 생각한다. 한 마디로 투자가의 시간을 절약해 주고 한국까지 와야 하는 번거로움hassle을 없애 주는 것이다. 투자설명회가 끝나면 투자가들과 방문하고 있는 기업들의 직원을 모두 초청하여 골프를 치거나 회사 배를 빌려 여흥entertainment을 제공하며 자연 속에서 인맥 구축personal networking의 기회도 마련해 준다.

고급 호텔 연회장에서 코스닥 유망 중소기업들promising small and medium-sized KOSDAQ companies의 투자설명회를 한꺼번에 개최하면 해당 기업들의 신뢰에 큰 도움이 되어 상담 자리에서 투자를 약속하는 경우도 생긴다. 이 자리에서는 회사 소개뿐만이 아니라 기술력 등 구체적인 질문도 오가기 때문에 꾸준하게 해외 투자설명회에 참여하는 기업에 대한 외국투자가들의 관심은 높아지게 마련이다. 따라서 개인투자가는 '모 기업이 홍콩이나 싱가포르, 런던 등에서 상장기업합동 투자설명회에 참가한다'라는 뉴스를 접하면 해당 기업의 주가를 눈여겨볼 필요가 있다.

KEY WORDS

investment seminar 투자설명회   **good turnout** 많은 참석자들

EXPRESSIONS

We had a good turnout in our investment seminar.
본사의 투자설명회는 성황리에 열렸습니다.

Our investment seminar was a runaway success.
본사의 투자설명회는 대박이었습니다.

We just saved face in our overseas investment presentation.
본사가 해외에서 개최한 투자설명회에서 겨우 체면을 살렸습니다.

MP3 S10-4

DIALOGUE

A This boat is really beautiful. Thanks for inviting us.

B I feel honored that you could come this time. We have lots of soft drinks and beers in the fridge. Please feel free at home. Thank god, the weather is great today for boating!

C Can I go to the upper deck?

B Of course, you can. Watch your step. It may be slippery.

C Awesome, it's really nice up here, too. The wind is so peaceful today. I can see Ocean Park from here.

B By the way, how did it go with your investment seminar at the Conrad Hotel?

A **We had a good turnout in our investment seminar.** Clients said that it was really useful because they could see many interesting Korean small-cap companies at one time.

B Definitely. I think so, too. Among the presentations, I liked Reigncom and Woojoo Electronics. I think they have tremendous potential. I'm going to visit them in Korea next time.

A 이 배는 정말 멋있군요. 저희를 초대해 주셔서 감사합니다.

B 이렇게 와 주셔서 영광입니다. 냉장고에 음료수와 맥주가 많이 있습니다. 편안하게 쉬십시오. 다행히 날씨가 좋아 배 타기에는 안성맞춤입니다!

C 갑판에 올라가도 되나요?

B 물론이죠. 계단 조심하세요. 미끄러울지도 모릅니다.

C 와, 여기 위에도 정말 좋아요. 오늘 바람이 아주 잔잔해요. 여기서 Ocean Park도 보여요.

B 그런데 콘래드 호텔에서 열린 투자설명회는 어떻게 됐나요?

A 본사의 투자설명회는 성황리에 열렸습니다. 고객들이 한 자리에서 한국의 대표적인 소규모 회사들을 볼 수 있어서 정말 유용했다고 그러더군요.

B 그렇고 말고요. 저도 그렇게 생각해요. 발표한 회사들 중에서 저는 레인콤과 우주 일렉트로닉스가 좋더라고요. 그 두 회사가 엄청난 잠재력을 갖고 있다고 생각합니다. 다음에 한국에 가면 방문하려고요.

---

feel honored 영광으로 여기다
upper deck 상갑판
awesome 굉장히 멋진, 장엄한
Ocean Park (홍콩의) 해양공원
turnout (집회 등에) 모여든 사람들, 참석한 사람들
small-cap company 소규모 회사

REVIEW

Please translate this sentence in English using the key words.

1 체결하려면 자전거래로 해야 되겠네요. (block trading)

2 이번 건에 한해 0.2%만 받겠습니다. (charge)

3 1995년 2월에 발생한 베어링 증권의 몰락을 기억하시나요? (collapse)

4 오늘부터 내 인생은 새 출발이다. (rest of my life)

5 본사의 투자설명회는 성황리에 열렸습니다. (a good turnout)

Session 11

Sales Situation
1. **Ignorance is bliss.**
   모르는 게 약이다.

Investment Banking Situation
2. **You can pick and choose among our new ELS products.**
   새로 출시한 주가연계증권 상품들 가운데서 선택하실 수 있습니다.

Research Situation
3. **Nothing pays better than to be kind.**
   친절한 것보다 더 유익한 것은 없어요.

In-street Situation
4. **How to be of value to your client**
   고객을 대하는 방법

1. Ignorance is bliss.
모르는 게 약이다.

BACKGROUNDER

초 저금리 시대에 목돈 만들기란 그리 쉽지 않다. 적금, 예금을 기본으로 한 뒤 일정 비율의 금액은 투자를 통해 수익률을 높일 필요가 있는데 그 대표 투자 상품이 바로 '적립식 펀드'이다. 적립식 펀드란 일정 기간에 일정 금액을 나누어 장기적으로 투자하는 펀드를 말한다. 적립식 펀드의 수익은 운용 실적에 따라 결정되는데 처음 시작할 때 큰 목돈이 없어도 가능하며 투자 기간이 분산되어 손실의 위험을 낮출 수 있다는 장점이 있다. 반면 원금에 대한 보장은 받을 수 없기 때문에 일반 펀드 투자와 같은 위험은 존재한다.

적립식 상품의 경우 주가가 하락할 경우 꾸준히 적립하여 매입 가격을 줄여 상승 시 빠르게 원금principal을 회복하고 수익 구간을 넓힐 수 있는 조건으로 설정되어 있다. 즉, 증시가 하락할 때는 같은 금액으로 더 많은 수량을 살 수 있고, 증시가 상승할 때는 적게 사는 구조를 취해 평균 매입 단가를 낮추는 전략cost averaging으로 투자 수익을 볼 수 있는 상품이다. 적립식 펀드는 일반적으로 급여 생활자가 가장 접근하기 용이하며 이런 이유에서 사회 초년생에게 추천하는 투자 상품이다. 미국 등 금융선진국에서도 이미 검증되어 증시 안정에 막대한 영향을 준 적립식 투자를 저금리 시대의 개인투자자들에게 꼭 추천해 본다.

KEY WORDS

derivatives 파생상품
daily turnover 하루 평균 거래량
all-time low 사상 최저의
returns 수익
put up 투자하다
no-brainer 쉬운 일

EXPRESSIONS

Ignorance is bliss. 모르는 게 약이다. ('선물옵션은 아예 모르는 게 낫다' 연상)

Easy come, easy go. 쉽게 얻는 것은 쉽게 잃는다. (선물옵션 시장 연상)

The journey of a thousand miles begins with just one step.
천리 길도 한 걸음부터. (적립식 펀드 연상)

Rome wasn't built in a day.
로마는 하루 아침에 이루어지지 않았다. (적립식 펀드 연상)

 MP3 S11-1

DIALOGUE

A Did you know that daily turnover in the KOSPI 200 futures and options market in '04 was down by 11% YoY? The number of futures accounts also decreased from 5,427 to 4,818. Clearly, people are leaving the derivatives market.

B From my painful experiences, I've come to the conclusion that **'ignorance is bliss.'** As an individual, you cannot make money in the futures and options market. I've heard that small investors are now more interested in indirect investment funds such as long-term savings-type stock funds.

A That's right. Under the current all-time low interest rates, I think this kind of fund is the most suitable for long-term individual investors.

B Tell me more about this fund since I need to become more serious about my financial plans this year. My bank account is giving me too little return nowadays.

A Sure, you put up a small amount of money, say ₩100,000 or above, on a monthly basis for 1 to 3 years. It reduces the time risk by spreading out the purchasing times. Since this is an accumulated fund, you wouldn't miss a big rally in the stock market. Thus, I don't normally ask people to invest in the stock market, but this is a no-brainer.

B It sounds perfect for me. I'll drop by to invest in this fund right away.

A '04년에 선물옵션 시장의 일일 거래 대금이 전년도보다 11% 줄어든 것 아세요? 선물 계좌 수도 5,427개에서 4,818개로 줄었죠. 사람들이 파생상품 시장을 떠나고 있는 게 분명해요.

B 나의 아픈 경험에서 '모르는 게 약이다'라는 결론을 내리게 됐습니다. 개인으로서는 선물옵션 시장에서 돈을 벌 수 없습니다. 개미 투자가들이 이제 적립식 펀드 같은 간접투자 펀드에 더 관심을 갖는다는 이야기를 들었습니다.

A 맞아요. 사상 최저 금리를 기록하는 현재 상황 하에서는 이런 종류의 펀드가 장기 투자를 원하는 개인들에게 가장 적합하지요.

B 이 펀드에 대해 좀 더 알려 주세요, 올해부터는 재정 관리에 좀 더 신중해야겠어요. 요즘은 은행 예금에서 얻는 수익이 너무 적어요.

A 그렇죠. 1년에서 3년까지 매달 적은 금액, 예를 들어 10만 원 이상을 투자하는 겁니다. 이렇게 매수 시점을 분산하여 타이밍 리스크를 줄여 줍니다. 적립식이므로 증시의 대폭 상승 시기를 놓치지 않을 거예요. 나는 평소에 사람들에게 증시 투자를 권하지 않지만, 이건 정말 확실한 겁니다.

B 나한테 딱 맞는 것 같군요. 곧 찾아뵙고 이 펀드에 가입하겠습니다.

---

daily turnover 하루 평균 거래량
YoY (on a year-on-year basis) 전년 동기 대비
put up (자금을) 제공하다, 지급하다

2 You can pick and choose among our new ELS products.
새로 출시한 주가연계증권 상품들 가운데서 선택하실 수 있습니다.

BACKGROUNDER

개인투자가에게 다양하게 권하고 싶은 추천 금융상품은 주가연계증권ELS; Equity Linked Securities이다. 주식 투자 경험도 없고, 매일 오르락내리락하는 주가 변동성도 무섭고, 마땅한 종목을 고르기도 쉽지 않은 경우, ELS는 저금리 시대에 좋은 대안이 될 수 있다. ELS 상품은 미리 계산된 리스크를 알고 기대치expectation level 안에서 수익률을 예측할 수 있으며 전문가가 아니더라도 쉽게 상품 구조를 이해할 수 있다.

때때로 기초자산underlying asset 가격이 발매 당시 설정한 조건을 충족시켜 목표 수익률을 확정하고 조기상환early redemption하는 경우도 발생하므로 굳이 만기maturity까지 기다리지 않아도 된다. 최근 ELS 시장의 추이는 지수연동 상품index-linked product보다 개별 주식에 연계된 상품이 주종이고, 주식시장의 꾸준한 상승세로 인해 고수익을 실현하는 상품의 조기상환이 자주 있다는 점을 유의하자.

KEY WORDS

closer 마무리짓는 사람
redeem 환매하다
pick and choose 잘 고르다
subscriber 투자가
concession 수수료

EXPRESSIONS

You can pick and choose among our new ELS products.
새로 출시한 주가연계증권 상품들 가운데서 선택하실 수 있습니다.

It's a matter of take it or leave it.
그것은 취사선택의 문제입니다.

It's time to think outside the box in creating new ELS issues.
이제 기존의 사고에서 벗어나 새로운 ELS 상품을 개발할 때입니다.

MP3 S11-2

DIALOGUE

A Elizabeth. Congrats! You closed that deal like a real pro. Our clients who bought that ELS last July are happy with the confirmed 7% return only after 6 months.

B Elizabeth is a closer. She was born to close.

C Gentlemen, knock it off. You guys are making me blush. Simply the issue timing was perfect since the prices of the underlying assets such as SEC and LG Chemical were already too low at that time. And thus, this product got redeemed much earlier.

B This calls for a big fat bonus. Perhaps you should launch more ELS products like this.

C Yes, **you can pick and choose among our new ELS products.** I've got a list which shows two stock callable ELS products. Basically, the size should be at least ₩2 billion, no more than 50 subscribers, and the selling concessions 80-100bps.

B I've got a client base in L.A. There are a bunch of Korean Americans interested in Korean equity linked securities because they don't know where to invest after becoming millionaires in the U.S.

A Sounds great. Bring them in. I can create any ELS products depending on their own investment styles, preferences in underlying stocks, and so forth.

A Elizabeth, 축하해요. 진짜 프로답게 계약을 마무리했군요. 지난 7월에 그 ELS에 투자했던 고객들이 불과 6개월 만에 7% 수익을 확정 짓게 돼서 좋아하고 있어요.

B Elizabeth는 수완가예요. 타고 났다니까.

C 그만들 좀 해요. 얼굴 빨개지게 하네요. 그저 삼성전자와 LG화학 관련 기초자산 가격이 발행시점에 충분히 빠져 있어서 타이밍이 완벽했을 뿐이에요. 그래서 그 상품이 만기보다 훨씬 전에 환매가 이루어지게 된 거죠.

B 큰 폭의 보너스를 받을 만한 일이군요. 이번 건 같은 ELS 상품을 좀 더 출시해 보세요.

C 예, 이번에 새로 나오는 ELS 상품은 선택의 폭이 큽니다. 제가 두 종목 연계 ELS 상품 목록을 보여 드릴 수 있어요. 기본적으로, 발행 규모는 20억 원 이상, 투자가는 50명 이하이며, 판매 수수료는 0.8-1.0% 입니다.

B 제가 LA에 고객층이 있어요. 재미교포들이 미국에서 큰돈을 번 후 투자 대상을 물색 중인데 한국의 ELS 상품에 관심을 갖고 있지요.

A 좋군요. 이 상품에 투자하라고 해 봐요. 그 사람들에게 투자 스타일이나 기초자산 선택 등을 자유자재로 선택하게 해서 ELS를 만들어 볼 수 있으니까요.

---

closer 거래를 잘하는 사람, 수완가
redeem (채무 따위를) 상환하다, 상각하다, 환매하다
pick and choose 신중히 고르다, 선택하다 (두 단어를 함께 씀)
selling concession 판매 수수료 (=selling commission)

3 Nothing pays better than to be kind.
친절한 것보다 더 유익한 것은 없어요.

BACKGROUNDER

한국 IR 협의회는 2016년 10월 말 '한국 IR 대회 시상식'을 개최하고 유가증권시장 KOSPI에서는 KB금융지주, 코스닥에서는 CJ E&M을 선정했다고 발표한 바 있다. KB금융지주는 IR 담당 부장이 임원진 대상 그룹회의에 참석하여 시장 동향 및 시장 의견을 보고하여 경영의사 결정에 적극 반영하는 동시에 모바일 IR 앱 등 새로운 IR 채널을 개발하여 투자가의 정보 접근성을 확대시키기 위해 노력했다는 점이 수상 요인으로 꼽혔다.

CJ E&M 수상의 경우 국내 최초로 대외 신뢰성 회복 및 정보 비대칭 해소를 IR 목표로 설정하여 오프라인 경영진 정기간담회를 실시하였고 홈페이지와 SNS 운영으로 투자가의 접근성 확대에 노력한 결과라고 한다. (출처: 한국 IR 협의회 보도자료, 2016년 10월 26일)

IR 협의회는 상장기업 중 IR 우수기업과 Best IRO를 선정, 시상함으로써 상장기업의 IR 활성화를 도모하고 자본시장의 건전한 발전에 기여하는 것을 기대하고 있다. 이 같은 노력은 기존 주주들 existing shareholders뿐 아니라 잠재투자가 potential investors에게도 주주 우호 정책 shareholder-friendly policy으로 비춰질 수 있어 궁극적으로 주가 상승에 영향을 준다.

KEY WORDS

results announcement 실적 발표
wrap up 요약하다
shareholder-friendly policy 주주 우호 정책
share buy-back 자사주 매입

EXPRESSIONS

Nothing pays better than to be kind.
친절한 것보다 더 유익한 것은 없어요.

What goes around comes around.
사필귀정

Appearance isn't always truth.
보이는 게 항상 진실인 것은 아니다.

MP3 S11-3

DIALOGUE

A Michelle, I'd like to remind you of SEC's results announcement which will come out at 10 a.m. tomorrow. As usual, you can listen to them live on the Internet.

B Oh, no! I almost forgot. Sure, James. I like their English presentation very much. First, the managing director gives audiences an overall view, and then each relevant director talks about the breakdown of numbers. And then, the managing director comes back for wrapping up, and takes questions from investors all over the world. They are so kind in every aspect.

A Yes, **nothing pays better than to be kind.** Besides, they have an active team of 100 people in the IR department, which is probably one of the biggest in size in Korea. That clearly shows a seriousness for its shareholder-friendly policy to the investment community.

B That's right. I've also heard that one of the IR team members even attended an overseas wedding ceremony of a foreign investor on his own expense. That's really something.

A Anyway, let's see how the results come out. My concerns are both the amount of dividend and share buy-back. The combined should be around half of their profits.

A Michelle, 내일 오전 10시에 삼성전자 실적 발표 있는 거 알지요. 이번에도 인터넷에서 실시간으로 들을 수 있어요.

B 아, 이런! 깜빡할 뻔했네. 알겠어요, James. 나는 그 사람들이 영어로 하는 프레젠테이션이 아주 맘에 들어요. 먼저, 전무가 전반적인 현황을 발표하고 나면 각 담당 임원들이 세부 숫자를 말하지요. 그런 다음에 전무가 다시 나와서 발표를 마무리하고 전 세계 투자가들로부터 질문을 받아요. 그 사람들은 친절하게 모든 절차를 진행하지요.

A 그래요, 친절한 것보다 더 유익한 것은 없어요. 게다가 그 회사의 IR 부서에는 100명의 직원이 활동하고 있는데, 아마 한국에서는 최대 규모일 거예요. 그것은 이 회사가 주주 우호 정책을 열심히 실천하고 있다는 것을 투자가들에게 분명히 보여 주는 거지요.

B 맞아요. 그 회사 IR 팀 직원들이 자비로 해외에서 열린 외국투자가의 결혼식에 참석했다는 이야기도 들었어요. 참 대단해요.

A 어쨌든 실적이 어떻게 나오는지 보자고요. 나는 배당과 자사주 매입 액수 모두에 관심이 있어요. 그 둘을 합한 금액이 수익의 50% 정도는 되어야 해요.

---

results announcement 실적 발표
breakdown of numbers 주요 숫자의 세부 명세
wrap up 요약하여 결론을 말하다
shareholder-friendly policy 주주 우호 정책
share buy-back 자사주 매입

4 How to be of value to your client
고객을 대하는 방법

BACKGROUNDER

필자는 판매자sell side 쪽에서 일하는 투자금융가IB; Investment Banker라는 직업에 관심을 갖고 계시는 여러분들에게 이 직업에서의 전문성professionalism과 일에 대한 열정을 알 수 있는 일화를 소개하고자 합니다.

Fidelity 자산운용회사는 구매자buy side 쪽의 대표적인 미국계 글로벌 기관투자가인데, IB에게 비즈니스 주문을 줄 때 다음과 같은 브로커broker 선정 기준을 갖고 공정성을 지키려고 합니다:

1. 내가 얼마나 자주 전화하나? How often do I call?
2. 내 전화 내용이 얼마나 유익한 정보일까? How useful is my call?
3. 내가 얼마나 적절한 시기에 통화를 하는 것일까? How timely is my call?

위에 제시한 질문과 답변들은 우리나라에 투자하는 대표적인 글로벌 기관투자가인 Fidelity와 거래 관계를 유지하고자, 필자가 외국계 증권회사인 홍콩의 ING Barings에서 근무할 때 영업직원들을 대상으로 사용했던 교육 내용입니다.

KEY WORDS

cold call 콜드 콜, 권유 전화   **beat the competitors** 경쟁에서 이기다

EXPRESSIONS

They reward added value and not relationships.
그들은 관계 유지보다는 가치 증가에 점수를 준다.

If you start with a 'cold call,' you should do OK.
'콜드 콜' 방식으로 시작해도 충분하다.

We just need to beat the competitors.
우리는 단지 이 경쟁에서 이길 필요가 있다.

MP3 S11-4

DIALOGUE

A Fidelity is a very professional organization in that they reward added value and not relationships. This means you do not need to be 'friends' with them to get points. My experience is that most of the time you do not really need an introduction to start servicing a particular fund manager or analyst at Fidelity. If you start with a 'cold call,' introducing who you are and carry on from there, you should do O.K.

B I see. What I know about Fidelity is that it is one of the top priority accounts for most brokers and thus, we are competing with probably 100 other salespersons plus 100 analysts for votes. We just need to beat the competitors.

A That's right. Be patient! Many of Fidelity's fund managers and analysts are on voicemail and they seldom return calls but they do listen to what you have to say. They vote every 3 months so even if you don't get anything this quarter, don't give up. You could be rewarded in the next quarter.

A Fidelity는 매우 프로 정신이 강한 조직으로, 관계 유지보다는 가치 증가에 점수를 줍니다. 이는 여러분들이 포인트를 얻기 위해 굳이 친구가 될 필요는 없다는 뜻이지요. 내 경험으로 볼 때 Fidelity 펀드매니저나 애널리스트를 커버할 때 특별히 소개 같은 것을 할 필요도 없습니다. 그저 간단히 당신이 누구고 어디 소속인지 얘기하는 '콜드 콜' 형식 정도로만 알려주고 바로 서비스를 시작해도 충분하다는 말입니다.

B 그렇군요. 제가 Fidelity에 대해 아는 바로는 그 어카운트가 최고 등급 중 하나라는 겁니다. 따라서 우리는 아마도 다른 회사의 100명의 세일즈 그리고 100명의 애널리스트와 경쟁하고 있다는 것이지요. 우리가 그 경쟁을 뚫어야 합니다.

A 맞는 말이지요. 느긋하게 생각하세요. Fidelity의 펀드매니저와 애널리스트 중 다수는 자동응답기를 사용하고 있고, 결코 회신 콜을 해 주진 않지만 당신이 남긴 얘기에 귀를 기울입니다. 그들은 3개월마다 심사를 하고 있으므로 이번 분기에 결과가 없다 하더라도 포기하지 마십시오. 다음 분기에는 결과가 있을 수도 있으니까요.

---

reward 보상하다, 상을 주다
cold call 콜드 콜, 권유 전화
beat the competitors 경쟁에서 이기다

REVIEW

Please translate this sentence in English using the key words.

1 나는 '모르는 게 약이다'라는 결론을 내리게 됐습니다. (bliss)

2 진짜 프로답게 계약을 마무리했군요. (a real pro)

3 새로 출시한 주가연계증권 상품들 가운데서 선택하실 수 있습니다.
(pick and choose)

4 친절한 것보다 더 유익한 것은 없어요. (pays)

5 그것은 이 회사가 주주 우호 정책을 열심히 실천하고 있다는 것을 투자가들에게 분명히 보여주는 것이지요. (shareholder-friendly policy)

6 우리는 그 경쟁에서 이겨야 합니다. (competitors)

Session 12

Sales Situation
1. **You don't have to hit a home run from day one.**
   첫날부터 큰 성과를 낼 필요는 없어요.

Investment Banking Situation
2. **My opinion may be summed up in a few words.**
   제 의견은 몇 마디로 요약될 수 있습니다.

Research Situation
3. **How would you say GenStory would fare in terms of earnings?**
   GenStory가 향후 얼마나 이익을 창출할 거라고 보십니까?

In-street Situation
4. **Have you ever heard of a hedge fund called 'Vampire?'**
   '뱀파이어' 라는 헤지펀드에 대해 들어 봤어요?

Session 12 — Sales Situation

1. You don't have to hit a home run from day one.
첫날부터 큰 성과를 낼 필요는 없어요.

BACKGROUNDER

뉴욕, 런던, 홍콩, 싱가포르 등은 '자본시장이 나라를 먹여 살린다'라는 말이 실감 날 정도로 자본시장capital market이 발달한 도시들이다. 그중에서도 런던은 지금 유럽에서 가장 역동적으로 뻗어가는 금융 중심지로서 활기찬 모습을 보여 준다. 런던 증권거래소에서 거래되는 증권거래대금turnover in value 규모는 독일 프랑크푸르트, 프랑스 파리, 스위스의 취리히, 네덜란드의 암스테르담 등의 규모를 압도하고 있다. 런던 시장 참가자들은 자신이 법을 어겼을 때 받게 되는 처벌punishment을 법을 어김으로써 얻게 되는 이익benefit보다 훨씬 더 크게 생각한다는 원칙principle이 영국 금융시장을 강하게 만든다고 말한다.

해외 현지 법인이나 지점 등에 주재원representative으로 파견되는 투자금융회사IB: investment bank 직원은 현지 금융시장의 특성을 잘 파악해 한국 자본시장 국제화의 선봉으로서 최선을 다해야 한다.

KEY WORDS

get up to speed 신속히 파악하다
forex market 외환시장
exceed 능가하다
turnover 거래량
principle 원리, 원칙

EXPRESSIONS

You don't have to hit a home run from day one.
첫날부터 큰 성과를 낼 필요는 없어요.

We don't expect you to perform from your first day in Hong Kong.
자네가 홍콩에서 근무하는 첫날부터 성과를 낼 거라고 기대하지 않네.

You are supposed to bring in new clients to our team before too long.
당신은 너무 늦기 전에 우리 팀에 새로운 고객을 모셔 와야 하는 입장입니다.

DIALOGUE

(On the phone)

A Amy, how are things with you in London?

B Things are great here, boss. Since I'm working in the center of the financial world in Europe, I feel responsible for bringing more clients to generate business.

A Look, Amy. **You don't have to hit a home run from day one.** Just get up to speed on what's going on around there, and put first things first.

B That is one of the issues I need to address. Last year, the London financial industry posted a net export of £17 billion, which was the record high, and the trend continues into this year. Also, 70% of European hedge funds or £154 billion is now invested through London. Its forex market turnover is the largest with 36% market share, exceeding the US's 21% and Japan's 6%.

A What made the London financial market grow like that?

B If you bring your money to London today, you can run your business from the next day. You wouldn't believe how efficiently the financial infrastructure operates here. The British people set up big principles based on practices which have been used over the last 300 years, and they do everything by principle.

A Amy, 런던 생활이 어때요?

B 아주 좋습니다. 유럽의 금융 중심지에서 일하게 되어 더 많은 고객을 유치해 비즈니스를 해야 한다는 책임감을 느끼고 있습니다.

A 이봐요, Amy. 첫날부터 큰 성과를 내지 않아도 돼요. 그곳 상황을 신속히 파악하고 가장 중요한 일부터 먼저 하면 돼요.

B 그래서 드리는 말씀인데요. 작년에 런던 금융산업은 170억 파운드를 순수출하면서 사상 최대 실적을 냈고, 올해에도 그 추세가 이어지고 있습니다. 또한, 유럽 헤지펀드 자금의 70%인 1540억 파운드가 런던을 통해 세계 각지에 투자되고 있습니다. 외환거래시장의 거래량은 36%의 시장 점유율을 기록해 미국의 21%, 일본의 6%를 능가하는 세계 최대입니다.

A 어떻게 런던 금융시장이 그렇게 성장했을까요?

B 런던은 오늘 돈을 가져오면 내일부터 바로 영업이 가능한 곳이죠. 이곳의 금융 인프라가 얼마나 효율적으로 운용되고 있는지 믿기지 않을 정도입니다. 영국인들은 지난 300년이 넘은 관행을 토대로 한 커다란 원칙을 세운 다음에 원칙대로 모든 일을 처리합니다.

---

get up to speed on ~에 대해 신속히 파악하다
forex market (foreign exchange market) 외환시장
market share 시장 점유율
exceed 능가하다
turnover 거래량
infrastructure 하부조직, 토대, 인프라
principle 원리, 원칙
practices 관행

2 My opinion may be summed up in a few words.
제 의견은 몇 마디로 요약될 수 있습니다.

BACKGROUNDER

2016년 11월 말 삼성전자는 총액 10조 원에 가까운 자금을 해외 7개 기업 M&A와 1개 기업 지분투자를 위해 투자했다. 주로 미국과 캐나다, 중국 국적 기업들이었고, 특히 스마트카 등의 전장사업과 프리미엄 가전 등 신성장 동력 및 수익성 늘리기에 중점을 두고 필요한 핵심 기술들을 위주로 사들였다는 평가다. 삼성은 미래성장동력을 키워 나가는 데 핵심적인 기업들을 공격적으로 인수합병하고 있다. 이 중에서 대표적인 것이 80억 달러(약 9조2000억 원)에 달하는 메가딜로 성사시킨 하만Harman의 인수다. 전장사업의 경쟁력 강화를 위해 국내 기업의 해외 인수 사상 최대 규모의 인수합병을 전격 단행한 것이다. 삼성전자는 연평균 9%씩 성장하는 커넥티드카 부품과 오디오 및 자동차 음향, 조명 솔루션 부문에 진출하기 위해 전장사업 팀을 신설하고 하만 인수를 추진해 왔다. 업계에선 삼성전자의 스마트폰이나 디스플레이 사업과 오디오 분야에서 쌓은 하만 기술력의 시너지도 클 것으로 전망하고 있다.

삼성전자는 당분간 M&A계의 '큰손'이 될 것으로 예상되고 있다. 또한 퀀텀닷 기술 외에도 스마트카와 클라우드 등의 신기술 역량을 쌓기 위한 인수를 진행하고 있는 것으로 보인다. 하만 인수와 비야디BYD에 대한 지분투자로 전장사업을 키우기 위한 초석을 쌓고 조이언트Joyent와 애드기어로 차세대 IoT와 클라우드 기술을 끌어왔다는 평가다. (출처: 매일경제, 2016년 11월 17일; 뉴시스, 2016년 11월 22일)

KEY WORDS

automotive electronics 전장사업   **comfortable lead** 압도적 우위

EXPRESSIONS

SEC is in the middle of reinventing itself as a software power.
삼성전자가 소프트웨어 강자로 거듭나고 있는 중이에요.

SEC is aiming to bolster soft power in tune with the evolution towards the fourth industrial revolution.
삼성전자는 제4차 산업혁명의 진화와 발맞추려는 노력의 일환으로 소프트 파워 제고를 목표로 삼고 있는 것이지요.

The share price of SEC today is hitting a historic high to reflect this positive development.
이러한 긍정적인 변화를 반영하여 오늘 삼성전자의 주가가 역사상 최고치까지 상승하고 있습니다.

 MP3 S12-2

DIALOGUE

A People say that SEC is in the middle of reinventing itself as a software power through a bunch of M&A deals. What's your thought on this corporate action?

B **My opinion may be summed up in a few words.** SEC is aiming to bolster soft power in tune with the evolution towards the fourth industrial revolution. The traditional maker of finished goods that produces chip components to smartphones and TVs believes it could have edge over multinational technology rivals like Google if it can catch up in software power and connect it with its hardware networks to enrich smart habitat for its consumers.

A I've also heard that the M&A targets were focused in software and ventures, now that the company's ranking in hardware is relatively secure.

B Another key area the company is intently focused on is automotive electronics, as the society gears itself towards completely electric and self-driving vehicles. The recent decision to buy the US automotive electronics company Harman International Industries would also give SEC a comfortable lead.

A It's amazing to see that the share price of SEC today is hitting a historic high to reflect this positive development, trading at ₩2,134,000 per share.

A 사람들이 그러는데 삼성전자가 여러 M&A 거래를 통해 소프트웨어 강자로 거듭나고 있다고 하네요. 회사의 이런 정책에 대해 어떻게 보십니까?

B 제 의견은 몇 마디로 요약될 수 있습니다. 삼성전자는 제4차 산업혁명의 진화와 발맞추려는 노력의 일환으로 소프트 파워 제고를 목표로 삼고 있는 것이지요. 반도체 메모리 부품부터 스마트폰과 TV까지 생산하는 전통적인 제조업체가 고객에게 스마트한 환경을 더욱 알차게 제공하기 위해 소프트웨어 파워를 하드웨어 네트워크와 연결한다면 Google과 같은 다국적 기술회사와의 경쟁에서 비교우위를 보일 수 있다고 믿고 있는 것입니다.

A 하드웨어 분야에서는 상대적으로 안정된 경쟁력을 가지고 있기 때문에, 이 회사가 M&A를 하려는 먹잇감들은 주로 소프트웨어나 벤처기업에 맞춰져 있다고 하는군요.

B 이 회사가 원하는 또 하나의 중점 분야는 지금 한창 뜨고 있는 전기차나 자율주행차 같은 전장사업이지요. 최근에 Harman이라고 하는 미국 전장사업 회사를 인수한 것이 그 분야에서 삼성전자가 우월한 위치를 점할 수 있게 해 주는 결정이었습니다.

A 이러한 긍정적인 변화를 반영하여 오늘 삼성전자의 주가가 역사상 최고치인 2,134,000원까지 상승했는데 정말 대단하네요.

---

sum up 요약하다
bolster 북돋우다; 개선하다
automotive electronics 전장사업
comfortable lead 압도적 우위

3. How would you say GenStory would fare in terms of earnings?
GenStory가 향후 얼마나 이익을 창출할 거라고 보십니까?

BACKGROUNDER

제4차 산업혁명이 빠르게 진행되고 있는데 그러한 영역 중 하나가 신약 개발의 열쇠라고 불리는 유전자 분석, 즉 게놈 산업이다. 게놈 산업의 동력은 싸고 빠른 게놈 해독 기술의 개발과 응용에 있다. 게놈을 빨리 읽을수록 의사가 쉽게 진단을 내릴 수 있는 것은 물론 제약회사의 신약 개발도 간단해지기 때문이다.

게놈 분석 기술은 급속도로 발달하고, 관련 산업도 급성장하고 있다. 시장조사 기관들은 게놈 산업 규모가 2020년이면 20조 원 수준이 될 것으로 예측하고 있다. 2015년부터 2020년까지 성장률도 매년 9.9%로 예상되지만 이는 현재의 게놈 해독 기술을 기준으로 한 극도로 보수적인 평가이다.

게놈 산업은 메모리 반도체 산업과도 긴밀한 연관이 있다. 게놈 정보는 세상에서 가장 거대한 빅 데이터이기 때문에 게놈 산업이 발전할 때마다 이 자료를 저장하는 컴퓨터 저장장치의 수요가 급격히 늘어나게 된다. 메모리 반도체 시장을 이끌고 있는 삼성전자나 SK하이닉스가 게놈 산업의 가장 큰 수혜자가 될 수 있다는 의미이다.

* 게놈 genome 생명체의 유전정보를 담고 있는 유전자 전체를 뜻한다. 사람의 게놈을 해독하면 아데닌(A)·구아닌(G)·시토신(C)·티민(T) 등 4가지 염기 60억 쌍의 순서가 개인마다 모두 다르게 나타난다. 이를 분석하면 암과 같은 질병에 걸릴 확률을 알 수 있다.

KEY WORDS

genome sequencing 게놈 분석   **sensitive domain** 민감한 영역

EXPRESSIONS

A genome is an organism's complete set of genetic instructions.
게놈은 한 생물체를 구성하는 유전자의 총합을 말합니다.

All living things have a unique genome.
모든 생물은 각자의 게놈을 가지고 있습니다.

Genome sequencing is a sensitive domain for a private company to undertake.
게놈 분석은 일반 기업이 수행하기에는 민감한 영역입니다.

 MP3 S12-3

DIALOGUE

A Grace, have you heard about this new joint venture called GenStory?

B No, not at all. Care to elaborate for me?

A LG Household & Health Care is reportedly joining hands with Macrogen, a biotech company. Their intention is to utilize genome sequencing data to create products and services most befitting to customers' needs.

B Is that right? Interesting. But wouldn't that need approval from the government? Genome sequencing is a sensitive domain for a private company to undertake.

A Fortunately, the Korean Ministry of Health and Welfare revised a bill that allows genome sequencing on as many as 12 areas — including skin aging, hair loss and blood pressure.

B **How would you say GenStory would fare in terms of earnings?**

A I'd say it'd be promising from the current standpoint. No doubt, the field is really opening up.

A Grace, Genstory이라는 새로운 조인트벤처를 들어 보셨나요?

B 아뇨, 전혀 모릅니다. 자세히 설명 좀 해 주시겠어요?

A LG생활건강이 바이오기술회사인 마크로젠과 제휴를 한다는 기사가 있습니다. 고객의 요구에 가장 잘 부응하는 제품과 서비스를 제공하기 위해 게놈 분석 데이터를 활용한다는 것이지요.

B 정말로요? 흥미로운 일이네요. 그런데 그런 건 정부의 허가를 받아야 하는 일 아닌가요? 게놈 분석은 일반 기업이 수행하기에는 민감한 영역이거든요.

A 다행히 보건복지부가 피부노화, 탈모 그리고 고혈압 같은 12개 분야에 한해 게놈 분석을 허용하는 법안을 개정했습니다.

B GenStroy가 향후 얼마나 이익을 창출할 거라고 보십니까?

A 현재 상황으로 본다면 긍정적이죠. 그 산업 자체가 막 시작하는 단계임에는 틀림이 없습니다.

---

elaborate 상세히 말하다, 부연하다
genome sequencing 게놈 분석
befitting 적당한, 어울리는
sensitive domain 민감한 영역

4. Have you ever heard of a hedge fund called 'Vampire?'
'뱀파이어'라는 헤지펀드에 대해 들어 봤어요?

BACKGROUNDER

2011년 12월 13개 회사 12개 펀드의 0.2조 원 규모로 출범한 한국형 헤지펀드는 설정 규모가 2017년에는 7조 원에 육박할 것으로 전망됐다. 신한금융투자에 따르면 한국형 헤지펀드의 운용자산AUM: Asset Under Management은 2016년 3월 말 4조1,048억 원을 돌파했다. 2016년 하반기부터 국민연금의 헤지펀드 시장 참여로 2017년에는 헤지펀드의 운용자산이 6조8,000억 원에 달할 것으로 예상된다.

한국형 헤지펀드 시장은 2015년 10월 진입장벽이 대폭 낮아지며 급속도로 증가했다. 금융당국이 '사모펀드 활성화 방안'을 통해 자산운용사가 등록만 하면 헤지펀드를 운용할 수 있도록 한 까닭이다. 2016년 들어 3개월간 헤지펀드에 7,000억 원의 자금이 유입됐고 운용사도 2015년 말 17개에서 3월 말 26개로 늘었다. 펀드 개수도 같은 기간 46개에서 78개로 증가했다.

프라임 브로커리지 서비스PBS: Prime Brokerage Service를 제공하는 대형 증권사들도 헤지펀드 시장 확대를 반기고 있다. PBS는 헤지펀드에 자금지원·재산보관·관리, 매매체결·청산·결제와 각종 컨설팅 서비스를 제공하는 업무로 자기자본 3조 원 이상의 대형 증권사만 맡을 수 있다. (출처: 서울경제, 2016년 4월 26일)

KEY WORDS

arbitrage 차익거래
Private Equity Fund 사모펀드
dynamics 역동성
volatility 변동성

EXPRESSIONS

Have you ever heard of a hedge fund called 'Vampire?'
'뱀파이어'라는 헤지펀드에 대해 들어 봤어요?

Would you happen to be Mr. Vampire?
혹시 뱀파이어 씨 아니십니까?

The hedge fund wants to increase the wealth of investors through absolute returns.
그 헤지펀드는 절대수익률을 통해 투자가의 자산 증대를 추구합니다.

DIALOGUE

A Have you ever heard of a hedge fund called 'Vampire?'

B Of course. I've heard that they suck up the blood in your neck! Anyways, what about the hedge fund?

A I've heard from one of my clients that a big US hedge fund called Vampire will be investing into Korea pretty soon. I think this is one of those big hedge funds coming into Asia these days.

B Really? Then, are they buying Korean stocks as if they're sucking up blood?

A Maybe and maybe not. But the thing is that they've got the following investment goals: 1) increasing the wealth of investors through absolute returns, 2) protecting capital from significant losses using a combined portfolio of directional and hedged strategies to produce a diversified pattern of risk and return, and 3) delivering positive absolute performance regardless of market conditions through arbitrage specialization.

B It seems that these hedge funds are really interested in coming to Asia where the dynamics of the economy and the volatility of the financial markets exist. Korea is known to be the best target!

A '뱀파이어'라는 헤지펀드에 대해 들어 봤어?

B 물론이지. 내가 듣기로는 그들이 네 목에서 피를 빨아먹을 것이라고 하더군. 어쨌든 그 헤지펀드가 뭐?

A 내가 고객 한 명한테 들은 얘기인데 Vampire라고 불리는 미국의 대형 헤지펀드가 한국에 조만간 투자를 한다는 거야. 내 생각에는 이것이 요즘 아시아 시장으로 진출하는 대형 헤지펀드들 가운데 하나인 것 같아.

B 정말? 그렇다면 그 사람들이 피 빨아먹듯이 한국 주식을 매수하고 있다는 말이야?

A 그럴 수도 있고 아닐 수도 있지. 하지만 더욱 중요한 사실은 다음과 같은 투자 목표를 갖고 있다는 것이야. 1) 절대수익률을 통한 고객의 자산증가, 2) 리스크와 리턴의 다변화 패턴을 창출하기 위해 방향성과 헤지 전략을 합성한 포트폴리오 구성을 통해 과도한 손실로부터 원금 보장하기, 그리고 3) 차익 계정을 통해서 어떠한 시장 상황에서도 절대수익률 고수하기 등이지.

B 이 헤지펀드들은 경제적 역동성과 금융시장의 변동성이 큰 아시아 시장에 관심이 많아 보이는군. 그중에서도 한국이 최적의 대상으로 알려져 있어.

---

vampire 흡혈귀
suck up 빨아들이다, 흡수하다
diversify 다양화하다, 다변화하다
dynamics 역동성, 동력, 원동력
volatility 변동성

REVIEW

Please translate this sentence in English using the key words.

1 첫날부터 큰 성과를 낼 필요는 없어요. (hit a home run)

2 그곳 상황을 신속히 파악하면 돼요. (get up to speed)

3 가장 중요한 일부터 먼저 하도록 해요. (first things)

4 그들은 관행을 토대로 한 원칙을 세운 다음에 원칙대로 모든 일을 처리합니다. (based on practices)

5 제 의견은 몇 마디로 요약될 수 있습니다. (summed up)

6 '뱀파이어'라는 헤지펀드에 대해 들어봤어요? (heard of)

Session 13

Sales Situation
1. **Your executions are not impressive!**
   체결 내역이 별로 마음에 안 들어요!

Investment Banking Situation
2. **The best way to get nothing done is for people to sit on the fence.**
   망하는 지름길은 아무것도 하지 않고 가만히 있는 것이지요.

Research Situation
3. **What's your view on KEPCO?**
   한국전력에 대해 어떻게 생각하십니까?

In-street Situation
4. **Have you recently received a phone call by any chance from a head hunter?**
   혹시 최근에 헤드헌터한테서 전화 받은 적 있나요?

Session 13　　　Sales Situation　　　136

1　Your executions are not impressive!
체결 내역이 별로 마음에 안 들어요!

BACKGROUNDER

개인투자가들은 주식을 매수하면 매수 종목의 종가를 기준으로 브로커가 체결을 잘 하였는지 판단하게 된다. 다시 말하면, 장 중 등락은 별로 고려치 않는 것이다. 하지만 외국 기관투자가들은 당일 매매에 대한 판단을 거래량 가중 평균단가(VWAP; volume weighted average price)를 기준으로 평가한다. VWAP이란 주문을 받은 시간부터 주식시장이 마감되는 오후 3시까지 체결된 매매가격의 거래량 가중 평균치다. 특정 종목의 종가는 인위적으로 누군가가 마감 동시호가 시간에 갑자기 대량 주문을 내어 큰 영향을 받을 수 있지만, 주문 후 일정 시간 동안의 매매에는 영향력을 행사하기 힘들기 때문이다. 이 종목의 VWAP와 브로커가 체결해 준 매매 체결 단가를 비교하여 자신의 CD(careful discretion; 브로커에게 자신의 판단에 따라 주문을 체결해 달라는 의미) 주문을 얼마나 유리하게 체결시켰는지 판단하는 것이다.

KEY WORDS

execution 체결　　　　　　　**VWAP** 거래량 가중 평균단가
rule of thumb 경험칙　　　　**judgment matter** 판단의 문제

EXPRESSIONS

Your executions are not impressive!
체결 내역이 별로 마음에 안 들어요!

I'm not totally impressed with your executions.
체결이 전혀 마음에 안 드는군.

What did you do with my order?
내 주문을 도대체 어떻게 한 거야?

 MP3 S13-1

DIALOGUE 1

A Have you received my executions?
B Sure, but **your executions are not impressive!** What happened to your buy-low-sell-high rule of thumb?
A Sorry about that. I must have been doing the other way around. I'll promise to make it up next time.
B Oh well, who says that there would be a next time?

A 제가 보낸 체결 보고는 받으셨나요?
B 그럼요. 그런데 체결 내역이 별로 마음에 안 들어요! 싸면 사고 비싸면 팔라는 당신의 경험칙은 대체 어떻게 된 건가요?
A 죄송합니다. 제가 반대로 하고 있던 것이 틀림없어요. 다음에 꼭 만회하겠습니다.
B 글쎄요, 누가 다음 번에 또 기회를 준다고 했나요?

execution 체결
buy-low-sell-high 싸게 사서 비싸게 파는
rule of thumb 경험칙(經驗則): 경험적으로 거의 틀림없는 지혜·방법, 주먹구구식 방법
the other way around 반대로, 거꾸로
make it up (손해 따위를) 보상하다 (=compensate)

DIALOGUE 2

A My dealer told me that the Hyundai Motor trade was really bad.
B Yes, I must admit that we did not beat VWAP. Market was moving up and down against us, but still it's all our fault. No cheap excuses.
A Oh well, that's fine. It can be a mere judgment matter.
B Thanks a lot! We'll do our best next time.

A 우리 딜러가 현대차 매매 결과가 아주 안 좋다고 말하더군요.
B 네, 그렇습니다. 저희가 시장 평균단가보다 좋은 가격에 체결하지 못한 것을 인정합니다. 시장이 저희 매매와 반대로 출렁거리긴 했지만 그래도 저희 잘못입니다. 변명의 여지가 없군요.
A 뭐, 그렇다면 좋습니다. 순전히 판단의 문제일 수도 있지요.
B 정말 감사합니다! 다음에는 최선을 다하겠습니다.

beat 이기다, 능가하다
VWAP (volume weighted average price) 거래량 가중 평균단가: 브로커의 매매 체결 능력 기준이 되는 비교 가격
judgment matter 판단이나 의견의 문제 (실수가 아니라는 의미를 내포함)

2. The best way to get nothing done is for people to sit on the fence.
망하는 지름길은 아무것도 하지 않고 가만히 있는 것이지요.

BACKGROUNDER

주식시장에서 공매도short selling란 주식이 없는 상태에서 빌려서 파는 것을 말한다. 대개 특정 기업의 주가가 내려갈 것으로 예상될 때 공매도가 활용된다. 예상대로 주가가 내려가면 내려간 가격에 주식을 사서 빌린 주식을 갚아 차익을 얻을 수 있다. 기관이나 외국투자가들이 활용하는 것을 종종 볼 수 있고 개인투자가도 제도상으로는 공매도 투자를 할 수 있다. 하지만 개인은 현행 제도상 공매도 참여가 어렵고 주가 관련 정보 입수도 상대적으로 불리해 공매도로 피해를 보는 경우가 많다.

개인이 증권사를 통해 대주 거래를 이용하면 공매도 거래가 가능하지만, 개인 대주 거래는 증권사에 따라 빌릴 수 있는 종목과 수량이 한정된 경우가 대부분이다. 담보나 수수료, 대주 이자 부담도 큰 편이고 대주 기간도 한두 달 정도로 한정돼 있다. 기관이나 외국인의 공매도는 종목이나 수량에 사실상 제한이 없고 공매도에 필요한 주식 대여(대차거래) 기간도 보통 1년인 점과 비교하면 개인들은 제약 요건이 더 많다. 개인 공매도 거래가 외국인이나 기관보다 미미한 수준인 것은 이 때문이다.

최근 이런 대주 거래 없이 매수long, 매도short 포지션을 활용한 투자를 통해 개인투자가도 기관처럼 공매도할 수 있는 상품이 출시되고 있다. (출처: "NH투자증권, QV 아이셀렉트 200 플랫폼 내놔 투자원금 100% 대차매도 가능", 연합뉴스, 2017년 3월 5일)

KEY WORDS

bear market 하락세   **bull market** 상승세

EXPRESSIONS

Have you notified your client regarding the launch of new financial synthetic product?
신규 금융 합성 상품 출시 관련해서 고객에게 통보했나요?

If you use this scheme, individual investors can go for short-selling without any barriers just like the way institutional investors do.
이 전략을 이용하면 개인투자가도 기관처럼 제약 없이 주식을 빌려 매도할 수 있습니다.

This long-short position strategy will allow your client to sell short without problems.
이러한 매수, 매도 포지션을 활용한 전략은 고객이 아무 어려움 없이 공매도할 수 있게 해 줍니다.

MP3 S13-2

Dialogue

A Lily, have you heard of the expression, '**The best way to get nothing done is for people to sit on the fence**?'

B Yes, I have, Ryan. Actually, I've managed to come up with a new product idea under this bear market. It could be a hot selling item for retail investors since they are practically not able to have a short selling strategy.

A Awesome! Tell me about it right away.

B It's called, 'Long-short Platform.' Investors can split up 200% of the principal amount of investment into halves in underlying assets with another 100% short covered. You go long a stock, a basket of stocks or ETF for a minimum of ₩5 million, and simultaneously go short on any stock or portfolio for the same amount of investment. For example, you'd pick Apple Computer long with Samsung Electronics short for your own product. This is nicely done when you want to buy a stock, while avoiding the relevant risks and following another market or investment vehicle.

A You must be a genius. You sound like some sort of hedge fund manager working on Wall Street!

B Thank you so much for your compliment! It means a lot to me.

A Lily, '망하는 지름길은 아무것도 하지 않고 가만히 있는 것이다'라는 표현 들어 봤니?

B 응, 들어 봤어, Ryan. 그래서 말인데, 내가 지금 같은 약세장에 맞는 새로운 상품 아이디어를 갖고 있어. 공매도 전략을 개인투자가들에게도 현실적으로 가능케 하는 기발한 상품이 될 듯하거든.

A 멋진걸! 뭔지 당장 말해 줘.

B '롱숏 플랫폼'이라고 하지. 투자원금의 200%를 절반으로 나눠 각각 100%씩 매수(롱)와 대차매도(숏투자)를 할 수 있어. 최소가입금액이 500만 원일 경우 개별 주식, 주식군 또는 상장지수펀드(ETF)를 500만 원 매수하고, 나머지 500만 원은 대차매도한 주식이나 포트폴리오에 투자하는 식이지. 예를 들어, 애플을 매수로 삼성전자는 매도로 설정하는 식으로 너만의 상품에 투자하는 거야. 이 방식은 개별 종목은 매수하고 싶지만, 시장 자체 위험은 피하고 시장 흐름이나 특별한 투자 상품을 따라가고자 할 때 안성맞춤이지.

A 너는 정말 천재야. 월가에서 일하는 유명한 헤지펀드 매니저 같다.

B 칭찬해 줘서 고마워! 내게 그렇게 말해 주니 몸 둘 바를 모르겠네.

---

sit on the fence 어정쩡한 태도를 취하다
bear market 약세장, 하락세 *opp*. bull market 강세장, 상승세
split up 분할하다
investment vehicle 투자 대상

3 What's your view on KEPCO?
한국전력에 대해 어떻게 생각하십니까?

BACKGROUNDER

필자가 대학 강의 시간에 기업의 주주 우호 정책을 언급할 때 항상 등장하는 기업이 바로 한국전력이다. 한전은 사기업이지만 사업 자체가 정부의 허가를 받아야 가능한 환경이기에 수익성 제고가 걸림돌이 되어 주주 우호 정책을 충분히 실현하기 어려운 기업이다. 이런 현상을 반영하여 지난 12년 동안 한전의 주가는 항상 3-4만 원대의 지루한 횡보를 보여 주고 있다. 하지만 최근에 외국인 순매수 행진에 힘입어 한전 주가가 본격 반등에 시동을 걸고 있는데 2017년 3월 13일부터 23일까지 9거래일간 14.5% 급등했다. 이 기간 동안 외국인은 무려 2,497억 원을 순매수했다. 한전에 외국인 매수세가 몰리는 요인은 한전에 우호적인 대외 경제 환경에서 찾을 수 있는데, 도널드 트럼프 미국 대통령 당선 이후 급등했던 원자재 가격이 안정을 되찾아 주가에 긍정적으로 작용했다는 분석이다. (출처: 매일경제, 2017년 3월 24일; 신한금융투자)

필자의 경험으로 보면 이런 주가 상승기에는 거의 모든 증권사가 같은 종목에 대해 매수 의견을 내놓으면서 목표 주가도 서로 약속이나 한 듯이 상향 조정하여 제시한다. 그러나 지나고 보면 그것이 바로 '상투 잡는 지름길'이다. 모두가 긍정적인 예측을 한다는 것은 이미 주가에 상당히 반영되어, 지속적인 수익성 개선이 없는 한 휘발성 테마 이슈처럼 주가가 쉽게 제자리로 돌아오기 때문이다. 때로는 반대 사고의 주식투자 운영자contrarian의 자세를 갖도록 노력하자.

KEY WORDS

MOSF 기획재정부
MOTIE 산업통상자원부
magnitude 규모
regulatory regime 정부 조직

EXPRESSIONS

What's your view on SK Telecom?
SK텔레콤에 대해 어떻게 생각하세요?

What's going on with the share price movement of KT?
KT 주가에 무슨 일이 있나요?

I have a slightly different idea about KEPCO.
저는 한전에 대해 좀 다른 생각이 있습니다.

DIALOGUE

A **What's your view on KEPCO?** I've got a 3% weighting in my portfolio, and the stock is down 6% at the open.

B I'm very disappointed with the MOSF's decision not to raise a tariff. Because not so long ago, management said that it had reached an agreement with the MOTIE on the tariff increase, although the magnitude and timing of change was still confidential at that time. Due to the higher fuel costs, the tariff increase has been a crucial factor for the company's earnings. Therefore, I become cautious again on the magnitude of any increase of the tariff going forward.
Recently, there have been favorable comments about the prospects of KEPCO moving to a more transparent regulatory regime. KEPCO already has a tariff setting mechanism in place, but the government does not follow it and KEPCO consistently earns less than the return to which it is entitled. Whatever it is, I'm not happy to find my top pick in my sector taking such an unfriendly shareholder action. I want to revise down my target price to ₩50,000 from ₩57,000.

A 한국전력에 대해 어떻게 생각하십니까? 내 포트폴리오에 3%를 가지고 있는데, 개장하자마자 6%나 빠지고 있어요.

B 나는 전기료를 올리지 않기로 한 기획재정부의 결정에 무척 실망했습니다. 불과 얼마 전에 경영진은 산업통상자원부와 전기료 인상을 합의했다고 말했거든요. 당시에도 인상 폭과 시기는 비밀이었지만 말이에요. 늘어난 연료 비용 때문에 전기료 인상은 이 회사의 수익에 결정적인 요인이 되고 있습니다. 따라서 향후 전기료 인상 폭을 다시 주시하고 있습니다.
최근에는 더 투명한 정부 조직으로 옮겨 가고 있는 한국전력에 대한 전망에 우호적인 의견들이 있었습니다. 한국전력은 이미 전기료 부과 체계를 완성했지만, 정부가 그것을 따르지 않고 있어 한국전력은 항상 합당한 수준보다 낮은 수익을 올리고 있어요. 이유가 어떻든 간에 내가 맡은 업종에서 최고로 꼽았던 회사가 이렇게 주주에 비우호적인 조치를 취하는 것이 마음에 들지 않습니다. 나의 목표가를 57,000원에서 50,000원으로 하향조정하고 싶습니다.

KEPCO (Korea Electric Power Corporation) 한국전력공사
view 의견
at the open 개장하자마자, 개장할 때
MOSF (Ministry of Strategy and Finance) 기획재정부
MOTIE (Ministry of Trade, Infrastructure and Energy) 산업통상자원부
tariff (전기료 등의) 공공 요금
magnitude 크기, 규모
confidential 비밀의
fuel costs 연료 비용
regulatory regime 정부 조직 제도, 체제
mechanism 구조, 체계
be entitled to ~을 받을 자격이 있다

4. Have you recently received a phone call by any chance from a head hunter?
혹시 최근에 헤드헌터한테서 전화 받은 적 있나요?

BACKGROUNDER

헤드헌터head hunter의 수수료commission는 일반적으로 구직자job seeker가 아닌 구인 의뢰업체job provider에서 부담을 하게 된다. 기업에서 원하는 검증된 인재를 원하는 적시에 추천받아 고급인재high-level executive를 제공받을 수 있으며, 인력 채용에 드는 광고비와 이력서 검토 및 인터뷰를 위한 시간과 비용을 절약할 수 있기 때문이다. 또한 회사 내부적으로 비밀리에 인재를 채용해야 할 경우도 공개 채용이 힘들지만 헤드헌터를 통하게 되면 회사 기밀이 유지될 수 있는 효과가 높아 금융업계의 특성상 이 방법이 많이 사용된다. 헤드헌터가 접근할 경우에 반드시 이직 의사가 없더라도 자신의 시장 가격market price을 한번 확인하여 경력career 관리를 해 보는 것도 바람직하다.

KEY WORDS

phone call 전화 통화
head hunter 헤드헌터
desperate 필사적인
candidate 후보자

EXPRESSIONS

Have you recently received a phone call by any chance from a head hunter?
혹시 최근에 헤드헌터한테서 전화 받은 적 있나요?

I'd appreciate it if you can just give me a call.
전화 한 통만 주시면 고맙겠어요.

There is someone on the phone for you.
전화 왔습니다.

DIALOGUE

A I've had a strange phone call the other day from Hong Kong.

B Is that so? What was it about?

A Oh well, **have you recently received a phone call by any chance from a head hunter?** It's weird. I didn't know I'm already famous in the market. Actually, it was from Dalmatian Search International. They are looking for a junior salesperson for ING Barings in Hong Kong.

B Wow, it sounds really weird. I've got the same kind of phone call this afternoon, too. I guess they are desperate to find a candidate.

A When are you seeing them for an interview?

B I don't know if it's a good idea. I am still learning stuff here at Securities One, and I like working here. Perhaps you should get the job over there, not me.

A 얼마 전에 홍콩에서 이상한 전화를 받았어.

B 그래? 무슨 내용인데?

A 그게 있잖아, 혹시 최근에 헤드헌터한테서 전화 받은 적 있어? 이상해. 내가 시장에서 벌써 유명해졌는지 몰랐거든. 사실은 달마션 서치 인터내셔널에서 온 전화야. 홍콩 ING 베어링에서 주니어 영업사원을 찾고 있어.

B 와, 진짜 희한한 것 같아. 나도 오늘 오후에 같은 전화를 받았거든. 그 사람들 아주 급하게 후보자를 찾고 있군.

A 너는 언제 면접 볼 거야?

B 회사 옮기는 게 좋은 생각인지 모르겠어. 나는 이곳 Securities One에서 아직도 일을 배우고 있는 중이고 여기서 일하는 게 좋아. 나 말고 자네가 거기에 가서 일해야겠네.

---

phone call 전화 통화
head hunter 전문 고급인력 컨설팅 업체 (executive search firm): 회사소개, 구인등록, 구직등록, 헤드헌팅, 근로자 파견, 채용뉴스 제공 등을 담당함
weird (구어) 희한한, 묘한
desperate 절박한, 필사적인
candidate 지원자, 후보자

REVIEW

Please translate this sentence in English using the key words.

1 내가 반대로 하고 있던 것이 틀림없어. (the other way around)

2 저희가 시장 평균단가보다 좋은 가격에 체결하지 못한 것을 인정합니다. (VWAP)

3 망하는 지름길은 아무것도 하지 않고 가만히 있는 것이다. (sit on the fence)

4 한국전력은 항상 합당한 수준보다 낮은 수익을 올리고 있어요. (entitled)

5 내가 맡은 업종에서 최고로 꼽았던 회사가 이렇게 주주에 비우호적인 조치를 취하는 것이 마음에 들지 않습니다. (unfriendly shareholder action)

6 혹시 최근에 헤드헌터한테서 전화 받은 적 있나요? (by any chance)

Session 14

Sales Situation
1. **It has nothing to do with any unfair practice.**
   이 건은 불공정 거래하고 상관이 없습니다.

Investment Banking Situation
2. **Foreign investors are doubling down on Korean securities.**
   외국투자가들이 한국 증권을 대거 사들이고 있습니다.

Research Situation
3. **Financials have been laggards.**
   금융주들의 수익률이 뒤처지고 있습니다.

In-street Situation
4. **I've got this hot rumor from the street.**
   나 진짜 특종감이 있어.

1 It has nothing to do with any unfair practice.
이 건은 불공정 거래하고 상관이 없습니다.

BACKGROUNDER

개인투자가들의 주식 투자 기피현상은 개인투자가들의 잘못된 종목 선정과 잦은 단기매매short-term trading에 따른 결과로 볼 수 있다. 특히 무작정 작전 종목을 따라 다니는 투자 관행investment practice은 결국 주식시장을 단순한 폭탄 돌리기 장으로 변질시킬 수밖에 없다. 개인투자가들에 대한 교육을 통해 이러한 문제를 해소해 나간다면 외국인들이 우리 증시에 폭발적인 관심을 보이는 숨은 의미를 알 수 있지 않을까 한다. 외국투자가의 한국 주식 보유율이 30%가 넘는 이 시점에 그들처럼 우리 경제의 역동성dynamics을 믿고 우량주blue chip shares에 장기 투자하는 투자 마인드를 정립해야 한다.

KEY WORDS

unfair practice 불공정 거래 관행
FSC 금융위원회
submit 제출하다
complaint 고발, 신고
stock price manipulation 주가 조작
internal control system 내부 통제 시스템

EXPRESSIONS

It has nothing to do with any unfair practice.
이 건은 불공정 거래하고 상관이 없습니다.

This case seems to be related with some sort of defalcation.
이 건은 일종의 횡령과 관계되어 있는 것으로 보입니다.

Using a borrowed name account is surely a violation of the real name financial system.
차명 계좌 사용은 확실히 금융실명제 위반입니다.

MP3 S14-1

DIALOGUE

A   Hello. This is the Unfair Practice Supervisory Unit of the FSC. Can I speak to the branch manager? We need to ask him to submit a report.

B   Yes, this is the branch manager. What can I do for you?

A   Oh well, we've got a complaint from the Korean Stock Exchange that some accounts in your branch may be involved with stock price manipulation for a couple of small cap companies.

B   I see. There must be a misunderstanding here. Because we have our own internal control system, this should not happen. However, I will investigate the case immediately.

A   Within the next 3 days, please send a report for all the trades done with these accounts for the last 6 months.

B   Yes, sir! I will ask my back office people to send the report by then. I hope **it has nothing to do with any unfair practice.**

A   여보세요, 여기는 금융위원회의 불공정 심리과입니다. 지점장님과 통화할 수 있을까요? 보고서 제출을 요청하려고 합니다.

B   네, 제가 지점장입니다. 무엇을 도와드릴까요?

A   다름이 아니라 증권거래소에서 귀 지점의 일부 계좌가 소형주 두 종목 관련 주가 조작에 연루돼 있다는 신고가 들어왔습니다.

B   그래요. 무언가 오해가 있는 게 분명합니다. 저희 회사는 자체의 내부 통제 시스템이 있기 때문에 그런 일은 있을 수가 없지요. 하지만 바로 조사에 착수하겠습니다.

A   3일 안에 지난 6개월 동안 그 계좌들에서 이루어진 모든 매매 내역에 대한 보고서를 보내 주십시오.

B   네, 알겠습니다! 업무부에 요청해 그때까지 보고서를 보내도록 하겠습니다. 이번 일이 불공정 거래하고 아무 상관이 없기를 바랍니다.

---

unfair practice 불공정 거래 관행
FSC (Financial Services Commission) 금융위원회
submit 제출하다
complaint 고발, 고충
stock price manipulation 주가 조작
internal control system 내부 통제 제도 *cf.* defalcation 위탁금 유용
investigate 상세히 조사하다, 수사하다

2. Foreign investors are doubling down on Korean securities.
외국투자가들이 한국 증권을 대거 사들이고 있습니다.

BACKGROUNDER

2017년 3월 21일 코스피KOSPI는 전날보다 21.37포인트(0.99%) 오른 2,178.38로 마감했다. 종가 기준으로는 2011년 7월 8일(2,180.35) 이후 가장 높은 수치였다. 3월 10일 역사적인 대통령 탄핵 결정에 이어 미국의 점진적인 금리 인상 방침 재확인 등 불확실성 해소라는 연이은 호재로 코스피는 23개월 만에 장 중 2,180선마저 돌파했는데 그 원인을 분석해 본다.

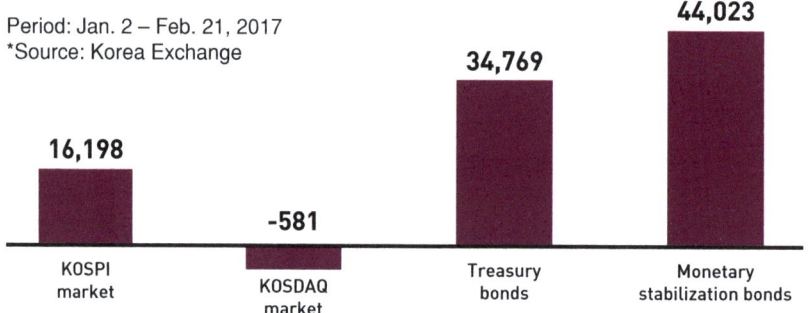

Foreign buying of stocks and bonds (Unit=100 million won)

Period: Jan. 2 – Feb. 21, 2017
*Source: Korea Exchange

- KOSPI market: 16,198
- KOSDAQ market: -581
- Treasury bonds: 34,769
- Monetary stabilization bonds: 44,023

KEY WORDS

double down 두 배로 하다   **bet on** ~에 베팅하다

EXPRESSIONS

Foreign investors are shoveling in Korean securities, betting on strengthening of the Korean won.
외국투자가들이 원화 강세에 베팅을 하면서 한국 증권을 대거 사들이고 있습니다.

Don't try to double down the exposure of your retirement money in aggressive investments.
공격적인 투자에 당신의 퇴직금을 너무 많이 투자하지 마세요.

It is time to double down on the commitment of solar energy, rather than to scale back.
태양 에너지 분야에 투자를 줄이는 게 아니라 오히려 더 많이 투자할 시기입니다.

MP3 S14-2

DIALOGUE

A Did you see **the foreign investors doubling down on Korean securities?**

B How is that so?

A I guess they're shoveling in Korean securities, betting on strengthening of the Korean won on improving trade data. Foreign investors bought 1.6 trillion won's worth of stocks on a net basis so far this year, helping to push up the benchmark index above the 2,100 mark. In the bond market, they bought government bonds and monetary stabilization bonds this year, worth 3.5 trillion and 4.4 trillion won respectively.

B It seems quite uncommon for foreigners to show such a voracious appetite for both safe public debt and riskier equities denominated in the Korean currency. The turn suggests foreign confidence in the Korean economy despite the poor domestic sentiment and outlook.

A The Korean won has gone upwards, hovering around the 1,140 won from the 1,200 won level against the USD earlier in this month. The local currency has obviously strengthened as exports have kept up the rising trend for the last four months.

B Tell me about it. I'm under a lot of pressure at work because of this complicated currency movement situation.

A 외국투자가들이 한국 증권을 대거 사들이고 있는 거 보셨어요?

B 왜 그러는 건가요?

A 제 생각으로는 무역 수지 개선에 따른 원화 강세에 베팅을 하고 한국물을 퍼 담아 들이는 모양새로 보여요. 외국투자가들이 올해 지금까지 1.6조 원의 순매수에 힘입어 벤치마크 지수가 2,100 수준을 돌파하는 데 큰 역할을 했지요. 채권시장에서는 올해 국채와 통화안정채권을 각각 3.5조와 4.4조 원씩 매수했습니다.

B 외국인들이 원화로 표시된 안전한 국공채와 위험자산인 주식을 함께 게걸스럽게 매수하고 있다는 것이 예사롭지 않아 보입니다. 불안한 내수 분위기와 전망에도 불구하고 한국 경제에 대한 외국인의 확신이 이런 현상을 나타나게 한 듯하네요.

A 원화가 강세를 보여 왔는데, 이번 달 초에 달러당 1,200원 수준이었던 것에서 지금은 1,140원 위쪽에서 움직이고 있어요. 수출이 지난 4개월 동안 증가했더니 원화가 확실히 강세를 보이네요.

B 그러게 말이에요. 이렇게 복잡한 환율 변동 상황 때문에 일하는 데 스트레스가 엄청납니다.

---

double down 두 배로 하다
stabilization 안정
voracious 게걸스러운
appetite 식욕
under a lot of pressure 압력을 많이 받는 (정해진 시간에 맞추려고 최선을 다한다는 의미를 내포), 일에 시달리는

3. Financials have been laggards.
금융주들의 수익률이 뒤처지고 있습니다.

BACKGROUNDER

글로벌 투자기관인 노무라는 손해보험 업종에 대해 구조적인 개선으로 실적이 개선될 가능성이 있다는 리포트를 발표했다. 노무라는 분석자료를 통해 "손해보험 사업의 구조적인 개선에 힘입어 중소형 손해보험사의 실적이 개선될 것"이라며 "특히 공시이율 규제 철회로 저축성 보험의 마진이 상승할 것으로 예상된다"고 밝혔다.

삼성화재에 대해 노무라는 "2016년 PER주가수익비율는 8배로 최저 수준을 기록하고 있는데 삼성그룹이 금융 자회사에 지주사 구조를 적용할 경우 자본을 더욱 효율적으로 관리할 수 있을 것으로 예상한다"고 전했다. 또한 삼성그룹이 삼성생명을 금융지주사Financial holding company로 전환하는 경우, 삼성화재는 삼성전자와 삼성물산에 대한 지분을 매각할 가능성이 높을 것이라고 분석했다. (출처: 초이스경제, 2016년 8월 19일)

개인투자가는 애널리스트 보험업종 전망을 접하게 될 경우, 먼저 개인적인 기본 상식이나 경험으로 해당 산업의 흐름을 이해하고 실적 개선 전망 등을 나름대로 비판해봐야 한다. 무조건 복잡하고 번거롭다고 여기지 말고 증권회사 리포트나 경제 신문 기사 등에 관심을 갖는 습관을 기르는 것이 정석 투자의 지름길이다. 아울러, 이런 인터넷 경제 기사는 단순한 참고용 자료로만 활용되어야 하는데, 특정 산업 및 특정 기업에 대한 분석 내용은 분석하는 기관이 어디냐에 따라 달라질 수 있는 데다, 투자 책임은 투자가 본인에게 있기 때문이다.

KEY WORDS

laggard 실기주
investment yield 투자 이익
BVPS 주당 장부가치
regional portfolio 대륙별 포트폴리오

EXPRESSIONS

Financials have been laggards. 금융주들의 수익률이 뒤처지고 있습니다.

The financial sector has been lagged in the recent rally in terms of returns.
금융업종이 최근 상승장에서 수익률이 뒤처지고 있습니다.

Financial shares such as Hana Financial have been underperformed the stock market.
하나금융지주 같은 금융주들은 전체 주식시장보다 덜 올랐습니다.

DIALOGUE

A **Financials have been laggards.** Tell me about your best pick in financials, so that I can buy during this weak period.

B I would say Samsung Fire & Marine is the best pick in my sector. I have raised my 2017 earnings forecasts by 30% to reflect improved claim loss controls and growing investment yield. I believe the stock is trading at very attractive valuations in terms of P/E and P/B at 8x 2017 EPS and 1.2x adjusted BVPS. My new 12 month price target, ₩350,000, represents 12x EPS and 1.5x adjusted BVPS. It's a definite BUY.

A How about the industry aspects?

B Samsung Fire & Marine is the key player in the industry, which is now undergoing structural changes such as the liberalization of auto insurance premiums. I believe this company will be the greatest beneficiary due to its growing market share.

A Well done. I think I'll buy the counter for my regional portfolio.

A 금융주들의 수익률이 뒤처지고 있습니다. 금융주 중에 최고가 무엇인지 알려 주세요. 주가가 지금처럼 빠져 있을 때 사려고요.

B 삼성화재가 제 업종에서 최고의 선택이라고 말할 수 있어요. 나아진 클레임 손해율 관리와 더 좋아진 투자 수익률을 반영해 2017년 이익 추정치가 30% 증가할 것으로 전망합니다. 2017년 EPS 기준 P/E 8배 및 조정된 BVPS 기준 P/B 1.2배를 반영할 때 현재 주가는 아주 매력적인 상태라고 믿습니다. 저의 12개월 목표 주가인 350,000원은 12배 및 1.5배를 나타냅니다. 꼭 매수해야 할 종목입니다.

A 보험산업의 전망은 어떻습니까?

B 삼성화재는 현재 자동차 보험료 자유화 등 구조적인 조정기를 거치고 있는 보험업계에서 핵심 역할을 하고 있습니다. 저는 삼성화재가 시장 점유율이 늘어나 가장 많은 혜택을 받을 거라고 믿습니다.

A 아주 좋아요. 이 종목을 대륙별 포트폴리오에 실어 놓아야겠군요.

---

laggard 실기주(失機株): 뒤처져 가는 주식; 낙오자 *opp.* leader 리더
under this weakness 주가가 빠져 있을 때
BVPS (Book Value Per Share) 주당 장부가치
industry aspects 업계 전망
beneficiary 수혜주
regional portfolio 대륙별 포트폴리오 *eg.* Asia ex-Japan 일본을 제외한 아시아권 나라들의 포트폴리오

4. I've got this hot rumor from the street.
나 진짜 특종감이 있어.

BACKGROUNDER

2016년 9월 말 한미약품의 호재성 공시와 악재성 공시가 시차를 두고 나온 것과 관련 공매도로 개인투자자들 상당수가 손실을 본 사건을 언급해 보고자 한다. 한미약품이 악재성 기습 공시를 한 2016년 9월 30일 공매도 주문을 낸 기관은 Morgan Stanley와 UBS증권이었다. 공매도 공시제도는 특정 종목 주식발행 물량의 0.5% 이상을 공매도할 경우 금융감독원에 현황을 보고하고 한국거래소 홈페이지에 공시하도록 강제하는데, 이 매매 건과 관련하여 시장 관계자들은 실제 공매도 세력은 따로 있을 것으로 생각했다. 공매도 기관은 외국계 증권사에 수수료를 주고 특정 주식을 매도하는 방식을 취하기 때문에 공시 대상에서 빠지게 되므로, 투자가들은 공매도 공시제의 실효성에 의문을 제기했던 것이다. 이에 대해 증권업계에서는 근본적인 공매도 피해 방지 대책이 필요하다고 언급하고 있다. (출처: "한미약품 공매도 미스터리", 중앙일보, 2016년 10월 4일)

주식시장에서 작전세력이란 말을 들을 때가 있다. 작전stock price manipulation이란 원래 저가의 종목을 조금씩 사 뒀다가 루머를 퍼뜨리면서 주가를 끌어올린 후 일정 금액 이상 주가가 오르면 한방에 털어 버려 이익을 챙기게 되는 것을 말한다. 작전이 아닌 단순한 루머는 간혹 실제로 성사된 경우도 많다. '아니 땐 굴뚝에 연기 나랴.No smoke, no fire.' 간혹 들리는 증권사 루머 사항에 관심을 가져 보자. 때때로 '소문에 사고 뉴스에 팔아라'라는 경험담에 귀 기울여 보자.

KEY WORDS

overheated stocks 과열 종목
suspicion 의심
market volatility 시장 변동성
illegal transactions 불공정 매매

EXPRESSIONS

I've got this hot rumor from the street.
나 진짜 특종감이 있어.

I'll keep my ears open to find out if it is true.
진짜인지 귀를 곤두세우고 다닐게.

Do you mind if I ask you some point-blank questions regarding the rumor?
그 루머에 대해 단도직입적으로 몇 가지 질문을 해도 괜찮겠지요?

DIALOGUE

A **I've got this hot rumor from the street.**

B What is it?

A I've heard that there may be some real sellers behind the recent short-selling transactions of Hanmi Pharmaceutical shares. This situation of so-called "overheated stocks" brought out suspicions that rogue short-selling forces are involved. These unknown sellers placed the orders through two foreign investment banks, and thus, there are increasing rumors about the real sellers' identity.

B Wow, that's something! No wonder the share price of Hanmi Pharmaceutical fell down by 18%, a huge 1.2 trillion loss in its market capitalization within just one day. Does that mean that the loss was caused purely by the sudden and abnormal increase of short-selling?

A Not so fast. What it means is that the Financial Services Commission will toughen measures on short-selling, including its overall disclosure system. There were so many Hanmi Pharmaceutical retail investors suffering big losses due to massive short-selling by institutional investors, even before the company disclosed the fact that its contract with Boehringer Ingelheim broke down. The measures of the financial regulator will aim to prevent market volatility and enhance monitoring on possible illegal transactions.

B Oh well, that should be done sooner than later in order to protect innocent individual investors in our equity market.

A 나 특종감이 있어.

B 뭔데?

A 최근 한미약품 공매도 거래 뒤에 진짜 세력이 존재한대. 소위 말해 이번 '과열 종목' 현상이 악의적 공매도 세력이 개입했을 거라는 의심을 불러일으킨다는 것이지. 베일에 가려진 매도자가 두 개의 외국계 IB에 주문을 냈고 그 매도자의 정체성에 관한 소문이 점점 커지고 있어.

B 우와, 그거 특종이네. 한미약품 주가가 18%나 빠지고, 하루 만에 시가총액도 1.2조 원이나 감소한 것도 알 만하네. 그런데 그 손실이 전적으로 갑작스러운 공매도 때문일까?

A 그렇게 앞서 나가지 마. 금융위원회가 공매도 규정과 전반적인 공시제도를 강화하는 정도겠지. 베링거 잉겔하임과의 계약 파기 공시가 나가기도 전에 기관투자가들이 투매를 하는 바람에 한미약품에 투자했다가 손실을 본 개인투자가가 너무 많아. 관계당국은 시장 변동성을 방지하고 불공정 매매의 사전 모니터링을 강화하는 쪽으로 대응할 거야.

B 우리 주식시장에서 개인투자가들을 보호하기 위해 빨리 실행되어야겠군.

REVIEW

Please translate this sentence in English using the key words.

1 이번 일은 불공정 거래하고 상관이 없습니다. (unfair practice)

2 저희 회사는 자체의 내부 통제 시스템이 있기 때문에 그런 일은 있을 수가 없지요. (internal control system)

3 나는 직장에서 압력을 많이 받고 있어요. (pressure)

4 외국투자가들이 한국 증권을 대거 사들이고 있습니다. (doubling down)

5 관계당국은 시장 변동성을 방지하고 불공정 매매의 사전 모니터링을 강화하는 쪽으로 대응할 것입니다. (market volatility, illegal transactions)

Session 15

Sales Situation
1 **Where are institutional investors in our market?**
  우리 시장에 기관투자가는 어디 있는 거야?

Investment Banking Situation
2 **Plan B involves investing into overseas property funds.**
  대안은 해외 부동산 펀드에 투자하는 것입니다.

Research Situation
3 **We're running out of blue chips.**
  우량주 품귀 현상이 심해지고 있습니다.

In-street Situation
4 **A dividend fund has been the jewel of the bear market.**
  배당주 펀드가 약세장에서 빛났습니다.

1 Where are institutional investors in our market?
우리 시장에 기관투자가는 어디 있는 거야?

BACKGROUNDER

한국금융투자협회에 따르면 주요국(한국, 미국, 일본)의 투자 주체별 주식시장 비중을 비교한 결과, 국내와 일본은 외국인 및 일반 법인, 미국의 경우 기관투자가 및 개인의 주식시장 비중이 가장 높은 것으로 나타났다.

국내 기관투자가의 주식시장 비중은 글로벌 금융위기 이후 다시 증가하고 있으나 현재 17.1%, 미국(47.1%)의 거의 1/3 수준으로 일본(21.4%)보다도 낮게 나타났다. 개인의 경우 2003년 이후 꾸준히 증가하여 2009년 31%대까지 상승했으나, 이후 하락세를 보이며 현재 19.7%로 미국(37%)의 약 1/2 수준을 보이고 있다.

외국인의 경우 금융위기 이후 지속적으로 증가하여 현재 35.2%를 차지하고 있으며, 일반 법인의 주식시장 비중은 2011년 30%대까지 증가했으나 이후 소폭 하락세를 기록했다.

따라서 향후 지속적인 배당 확대, 주식의 밸류에이션 향상 등 국내 자본시장에 대한 투자매력도 증진을 통한 개인 및 기관투자가의 시장 참여를 활성화할 필요가 있는 것으로 분석된다. (출처: "한미일 투자 주체별 주식시장 비중 비교", 금융투자협회, 2015년 1월 21일)

KEY WORDS

institutional investor 기관투자가
weighting 편입 비율
winning strategy 성공 전략
long-term investment horizon 장기 투자 기간

EXPRESSIONS

Where are institutional investors in our market?
우리 시장에 기관투자가는 어디 있는 거야?

As far as I am concerned, we need to add more SEC in our portfolio to differentiate our strategy from our competitors.
내가 알기로는 우리가 경쟁자들과 차별화된 전략을 가지려면 포트폴리오에 삼성전자 주식을 더 많이 편입할 필요가 있어요.

As for me, I'm basically in favor of having more SEC in our portfolio.
나로서는 우리의 포트폴리오에 삼성전자 주식을 더 많이 갖는 것에 기본적으로 찬성합니다.

DIALOGUE

A Breeze, word's spreading like wildfire that you've been selected as the best fund manager of the year at Funds.

B I'm just doing fine, James. No big deal. How are you this afternoon?

A Couldn't be better. Concerning your question on how much SEC you should have in your portfolio, you should maintain the current weighting of 22%, even though the market cap weighting has fallen down to 18%. I believe SEC will outperform the market soon, and then you can do better than your competitors, who normally have the market weighting of only 18%.

B Sounds like a winning strategy for me. Besides, I want to maintain a longer-term investment horizon as an institutional investor. Thus, I don't want to reduce it.

A Actually I keep asking myself, "**Where are institutional investors in our market?**" Currently, the weighting of institutional investors is slightly over 17%, compared with 31% at the end of 1996, right before the IMF crisis. This is also way below as opposed to the US's 47% or Japan's 21%.

B Our government has to accelerate public funds' investment into equities.

A Breeze, 당신이 Funds에서 올해 최고의 펀드 매니저로 선정됐다는 소문이 쫙 퍼졌던데요.

B 그냥 좀 잘나가고 있는 거야, James. 별일 아니야. 당신은 오늘 오후에 잘하고 있어?

A 아주 좋아요. 당신이 물어본 삼성전자 적정 편입 비중에 대해서 말인데, 요새 시가 총액 비중이 18%까지 줄기는 했어도 현재의 22% 비중을 그대로 유지해야 해요. 나는 삼성전자가 머지않아 전체 시장보다 더 오를 거고 보통 비중인 18%만 갖고 있는 경쟁자들보다 당신이 더 높은 수익률을 올릴 수 있다고 믿어요.

B 나한테는 이기는 전략처럼 들리는군. 그리고 나는 기관투자가로서 좀 더 장기적인 투자 기간을 유지하고 싶어. 그래서 삼성전자 비중을 줄이고 싶지 않아.

A 사실 나는 '우리 시장에 기관투자가는 어디 있는 거야?'라고 스스로 묻곤 해요. 현재, 기관투자가 비중은 17%를 약간 상회하고 있어요. 외환위기 직전인 1996년 말의 31%와 비교되죠. 미국의 47%, 심지어 일본의 21%에 비해서도 한참 낮은 수준이에요.

B 각종 공공기금이 주식 투자를 할 수 있도록 우리 정부가 일을 더 빨리 추진해야 돼.

wildfire 들불, 도깨비불 *eg.* spread like wildfire 들불처럼 (삽시간에) 퍼지다
weighting 중요성, 편입비율
longer-term investment horizon 보다 더 긴 투자 기간
winning strategy 이기는 (이길 수 있는) 전략
accelerate ~의 속도를 높이다, 가속화하다

2 Plan B involves investing into overseas property funds.
대안은 해외 부동산 펀드에 투자하는 것입니다.

BACKGROUNDER

최근 1%대 초 저금리시대에 재테크 시장에서 '대체 투자AI: Alternative Investment'가 각광받고 있다. 대체 투자란 주식·채권 같은 전통적 투자 대상이 아닌 부동산, 사회간접자본SOC, 사모 펀드, 원자재 등 다른 자산에 투자하는 것이다. 그간 대체 투자 열풍을 선도한 이들은 새로운 수익원을 찾던 기관투자가였다. 2007년 2.5%에 불과했던 국민연금의 대체 투자 비중은 2015년 9.4%로 높아졌고, 2021년에는 14%까지 확대된다. 은행, 증권사, 보험사 등도 대체 투자로 눈을 돌렸고, 그러다 최근엔 개인투자가들까지 바통을 이어받고 있다. 더 높은 수익을 좇아 국내외 부동산 펀드에 투자하거나 사모펀드에 돈을 넣는 이들이 늘어난 것이다. 여기에 금융 당국이 인프라·부동산 사업에 투자하는 공모 펀드 활성화에 나서면서 '향후 대체 투자로 재테크 자금 이동이 본격화될 것'이란 전망도 나온다. (출처: Chosun Biz, 2016년 6월 16일)

그러나 대체 투자가 늘 고수익을 보장하진 않는다. 증시 못지않게 경기 영향을 많이 받기 때문이다. 투자 전에 가격이 고평가돼 있는지, 현금화나 자산 교체가 어렵지 않은지, 환율 변동에 따른 위험이나 복잡한 상품구조로 인한 불완전 판매 여부도 꼼꼼하게 살펴야 한다.

KEY WORDS

lackluster 활기 없는   **bourse** 주식시장

EXPRESSIONS

Plan B involves investing into overseas property funds.
대안은 해외 부동산 펀드에 투자하는 것입니다

As an alternative, I suggest you should invest in the property fund.
대안으로 부동산 펀드 투자를 제안합니다.

Another option is just to do nothing until the North Korean nuclear issue is over.
또 하나의 대안은 북한 핵 문제가 끝날 때까지 아무것도 하지 않는 것입니다.

DIALOGUE

A Although the stock market has been performing better recently, only those holding blue chip shares have benefited.

B As a matter of fact, I've never had the chance to make money out of my own stock investment. I couldn't care less about it.

A **Plan B involves investing into overseas property funds.** Recently, we've seen a lot of money flowing into the acquisition of overseas properties, amid the general lackluster performance of the Korean bourse and real estate market. Low interest rates have especially caused many investors to regard foreign real estates as an attractive option.

B Can you support your argument with any market data?

A Yes, I can. The size of locally-operated overseas property funds has surged 650% vis-à-vis five years earlier. As of February, this year, the country had about 300 property funds dedicated to acquiring foreign real estates, with the total size hitting KRW 22 trillion or USD9.4 billion.

B What kind of returns have they been posting from the overseas property funds?

A According to FnGuide.com, as of March this year, the average investment return of 24 overseas property funds during the last five years has shown a whopping 25.8%, which nowadays hugely outperforms any kind of funds. However, like all other investments, you need to take into account the apparent risks before you decide to get into this alternative investment vehicle.

A 최근에 주식시장이 좀 나아지고는 있지만 주로 블루칩 대형주 위주로만 올랐지요.

B 사실 저는 제가 직접 주식에 투자해서 돈을 번 적은 한 번도 없어요. 전 이제 눈곱만큼도 관심 없습니다.

A 대안은 바로 해외 부동산 펀드에 투자하는 것입니다. 최근에 국내 주식시장과 부동산시장의 활기 없는 분위기 속에 해외 부동산 투자로 막대한 돈이 흘러 들어가고 있습니다. 특히 저금리 현상으로 인해 많은 투자가들이 해외 부동산시장을 매력적인 투자 대상으로 여기고 있습니다.

B 당신의 주장에 근거가 되는 수치가 있나요?

A 예, 있습니다. 국내에서 운영되는 해외 부동산 펀드 규모가 5년 전에 비해 650% 급등했지요. 올해 2월 기준으로는 300개 펀드가 해외 부동산 매입용으로 설정되어 있고, 그 합계는 22조 원, 194억 불에 달합니다.

B 해외 부동산 펀드의 수익률은 어느 정도로 나타났나요?

A FnGuide에 따르면, 올해 3월, 24개 해외 부동산 펀드의 지난 5년 동안의 평균 수익률은 25.8%로 요즘의 어떤 펀드보다도 월등히 높다고 합니다. 하지만 이런 대체 투자 수단에 투자할 때는 다른 모든 투자가 그렇듯이 모든 위험요인을 따져 보기 바랍니다.

3. We're running out of blue chips.
우량주 품귀 현상이 심해지고 있습니다.

BACKGROUNDER

주식시장에서 대표 우량기업 주식이 사라지고 있다. 주요 주주의 지분 감소폭이 둔화되는 가운데 외국인 지분이 꾸준히 증가하여 유동floating 주식 비율이 감소하는 주식 퇴장stock hoarding 현상이 실제로 진행되면서 공급 부족supply shortage으로 인한 수급 장세가 추세적으로 진행되고 있는 것이다. 특히 우량주blue chip에 해당하는 시가총액 10위권 기업들이 주식시장에서 자금 조달을 하기보다는 자사주 매입 등으로 회수에 나서고 있어 우량주 품귀 현상이 심화되고 있는 것이다.

유동성 증가로 수요가 촉발되는 금융장세liquidity driven market와는 달리 이러한 수급 장세가 공급 측면에서 발생하고 있는 것이다. 즉 공급supply이 줄어듦으로써 주가가 상승하는, 과거와 전혀 다른 패턴의 시장 흐름이 나타나고 있는 것이다. 따라서 국내 증시에 유동성이 증가하는 동시에 우량주 품귀 현상이 계속된다면 수급에 따른 폭등 장세도 나타날 수 있다.

KEY WORDS

supply shortage 공급 부족
outstanding shares 유동 주식
stock hoarding phenomenon 주식 퇴장 현상

liquidity-driven market 유동성 장세
idle money 대기 자금

EXPRESSIONS

We're running out of blue chips.
우량주 품귀 현상이 심해지고 있습니다.

It's ironic to say that we're mostly out of blue chip stocks.
우량주 대부분이 재고가 없다는 말은 아이러니컬하다.

Foreigners have a high demand only for the top 10 blue chips.
외국인들은 10위권 우량주에만 높은 사자 의욕이 있다.

 MP3 S15-3

DIALOGUE

(On the phone)

A Hi, Julia! This is Alex, technical analyst of Securities One.

B Hey, Alex. Thanks for your call. What's up this morning?

A Oh, not much. I've just got a story to tell you about a supply shortage situation. **We're running out of blue chips.** Only less than 14% of outstanding shares of the top 10 market cap companies are being traded. This supply shortage comes largely from 2 reasons: first, big companies such as SEC have bought back their own shares. Second, foreigners have kept buying Korean shares.

B That's why it's hard to buy big blue chip shares without pushing up prices too much from a foreign institutional viewpoint.

A Yes, this is quite a new situation which we have never experienced before. The current blue chip rally has been driven by this so-called 'stock hoarding phenomenon,' and can be well compared with a liquidity-driven market which is driven by a big increase of idle money.

B Sure, I'd better buy those big 10s before too long.

A 안녕하세요, Julia! 저는 Securities One의 기술주 분석가인 Alex입니다.

B 안녕하세요, Alex. 전화 주셔서 고맙습니다. 오늘 아침에 무슨 일이 있나요?

A 아뇨, 별일은 아닙니다. 그저 공급 부족 상황에 관해 말씀드리려고요. 우량주 품귀 현상이 심해지고 있습니다. 시가총액 10위권 기업들의 유동 주식 비율이 겨우 14% 미만입니다. 이러한 공급 부족의 이유는 크게 두 가지입니다. 첫째, 삼성전자 같은 대기업들이 자사주 매입에 나서고 있습니다. 둘째, 외국인들이 꾸준히 한국 주식을 매수하고 있기 때문이죠.

B 그래서 외국 기관투자가 입장에서는 가격을 지나치게 높게 올리지 않으면 우량주들을 사기가 힘든 것이군요.

A 그래요. 이것은 우리가 전에 경험하지 못했던 전혀 새로운 상황입니다. 현재의 우량주 강세는 이러한 소위 '주식 퇴장 현상'에서 비롯되었고, 이는 대기 자금의 대폭 증가로 수요가 촉발되는 유동성 장세와는 아주 좋은 비교가 될 수 있습니다.

B 그렇죠. 나도 너무 늦기 전에 그 10대 기업주들을 사는 게 좋겠어요.

---

supply shortage 공급 부족
outstanding shares 유동 주식
hoarding 퇴장, 사장, 축적, 매점
liquidity-driven market 유동성 장세   *cf*. liquidity 유동성, 유동성 자산 (현금 따위)
idle money 대기 자금

4. A dividend fund has been the jewel of the bear market.
배당주 펀드가 약세장에서 빛났습니다.

BACKGROUNDER

배당주 펀드dividend fund란 혼합형mixed 펀드의 일종으로, 배당수익률dividend yield이 높은 종목에 집중적으로 투자하는 펀드를 말한다. 운용 시작 후 예상한 배당수익률 이상으로 주가가 상승하면 주식을 팔아 시세 차익을 얻고, 반대로 주가가 오르지 않으면 배당 시점까지 주식을 가지고 있다가 예상배당금을 획득함으로써 주가 하락에 따른 자본 손실을 만회하는 펀드이다.

배당수익을 추구하는 배당주 펀드들이 일반 주식 펀드에 비해 수익안정성이 크게 돋보이는 것으로 나타났다. 가치주value-oriented stock 성격을 지닌 보수적인 펀드이면서도 주가 대세 상승기에도 일반 주식형 펀드에 비해 크게 뒤지지 않는 성과를 내고 있기 때문인데, 배당주는 일정 정도 가치주의 특성을 지니고 있으며 시장에 비해 민감도sensitivity가 낮아 상대적으로 덜 하락하고 주가가 오를 때는 덜 상승한다. 결론적으로 배당주 펀드는 주식시장과 비교하지 않고 2-3년 이상 투자하여 안정적으로 금리 이상의 수익을 원할 때 고려해 볼 수 있는 펀드라서 시장이 대세 상승이라면 일반 주식 펀드는 따라가지 못한다.

KEY WORDS

ex-dividend 배당락의   **dividend yield** 배당수익률

EXPRESSIONS

A dividend fund has been the jewel of the bear market.
배당주 펀드가 약세장에서 빛났습니다.

In terms of return, a dividend fund stands out of crowd.
수익률 측면에서 배당주 펀드가 단연 앞섭니다.

Individual investors have shown an interest in capital gains, as opposed to dividends.
개인투자가들은 배당금보다는 매매차익에 관심을 보여 왔다.

DIALOGUE

A I've read a newspaper article this morning that one of your dividend funds has been selected as the best fund of the year. Congratulations!

B Thanks! As a matter of fact, **a dividend fund has been the jewel of the bear market** in 2011. In that regard, I feel satisfied with the performance.

A Just satisfied? I think this is simply awesome. Over the last one year time period, your 'High Dividend Long-term Fund' went up by more than 21%, while the KOSPI went up by merely 1.1% and domestic stock-type funds up only 2.5%.

B Yes, we saved face this time. We've presumed that Korean companies would give shareholders more dividends to improve their corporate governance. Also, investors have become interested in companies which offer more dividends, not to mention just capital gains on their stock holdings.

A When is the best time to buy your dividend fund?

B Do it in January when dividend related share prices tend to be weakest after ex-dividends. We're planning to relaunch the dividend fund which can be invested into around 200 companies with more than a 5% dividend yield per annum.

A 오늘 조간신문에서 읽었는데, 운용하시는 배당주 펀드가 올해의 펀드로 선정됐다면서요? 축하합니다!

B 고마워요! 사실 배당주 펀드가 2011년 약세장에서 빛났어요. 그 실적에 만족합니다.

A 그저 만족한다고요? 굉장한 실적인 것 같은데요. 지난 1년 동안 KOSPI는 단 1.1%, 국내 주식형 펀드는 겨우 2.5% 상승한 반면에 운용하신 '고배당 장기 펀드'는 21% 이상 상승했잖아요.

B 네, 이번에 우리 체면은 살렸습니다. 우리는 한국 기업들이 기업 지배구조를 향상시키려고 주주들에게 배당금을 더 많이 줄 거라고 예상했어요. 투자가들도 이제 보유 주식의 매매차익은 물론이고, 배당금을 더 많이 주는 기업들에 관심을 보이고 있습니다.

A 운용하시는 배당주 펀드 가입은 언제가 적기인가요?

B 배당주 주가는 통상 배당락 이후에 가장 약세를 띠는 경향이 있으니까 1월에 가입하십시오. 우리는 연간 배당수익률이 5%를 넘는 200여 개 종목에 투자 가능한 배당주 펀드를 재출시할 계획입니다.

jewel 보석, 소중한 것, 가치 있는 것
bear market 하락 시세, 약세 (내림세) 시장
performance 실적, 성적, 성과
awesome 경외심을 갖게 하는, 굉장히 좋은
ex-dividend 배당락의 *opp.* cum dividend 배당이 붙은
dividend yield 배당수익률

REVIEW

Please translate this sentence in English using the key words.

1 소문이 쫙 퍼졌던데요. (wildfire)

2 대안은 해외 부동산 펀드에 투자하는 것입니다. (plan B)

3 전 이제 눈곱만큼도 관심 없습니다. (care less)

4 우량주 품귀 현상이 심해지고 있습니다. (running out)

5 배당주 펀드가 약세장에서 빛났습니다. (jewel)

Review Answers

Session 01

1. People say that China may increase its interest rate to keep the economy stabilized.
2. I'll get someone to send the necessary documents to you later.
3. I definitely need more diversification to spread the risk.
4. SBS is known as a research-driven house for end investors, whereas CSCB is more like a proprietary trading house.
5. Who told you they would hire someone like you?

Session 02

1. What would be a catalyst for the market to move up?
2. Unless this oil price situation gets better, our market will be going sideways at best. If not, it's likely to go down further.
3. It seems we're in a situation where we'll have to sink or swim.
4. How would you like to be addressed?
5. It's such a coincidence meeting you here.
6. It seems better than the market consensus.
7. You should know that its capex plan seems too aggressive.

Session 03

1. Can I place a buy order?
2. That is true regarless of age or gender.
3. No wonder the health care funds are hugely outperforming any other funds nowadays.
4. We share your concerns about the situation we face now.
5. I got hammered last night.
6. Don't add insult to injury.
7. Stop acting like you know everything.

Session 04

1. If I come up with anything, you'll be the first to know.
2. I'd like to buy some before the results come out.
3. I've got to review the voice recording of the trade.
4. No wonder our equity market got crushed today!
5. Yawning is contagious.
6. Why don't I tell you about corporate actions which are perceived as shareholder-friendly?

Session 05

1. Let me just give you the bullet points this morning.
2. What happened to the overnight Korean Euro-paper market?
3. It's like "Killing two birds with one stone."
4. What's the market cap of the combined KOSPI and KOSDAQ vis-à-vis Korea's GDP?
5. If I were in your shoes, I would not go for it at this stage.
6. If you say so, I'll think about sticking around at this company.

Session 06

1. Have you received my e-mail regarding the HMC's 2nd quarter results?
2. My point is you should buy the counter on the back of this positive results.
3. May I ask you a question point-blank?
4. What is your model portfolio like?
5. I wanted to have cash ready to catch up on any momentum in the market by investing immediately.
6. When I make a minimum 10% gain, I will take profit.
7. Whatever you do, don't get laid-off.

Session 07

1. Foreigners are really being active in the futures market at this particular time.
2. They seem to keep buying futures through program trading if the basis goes over more than -1.2 points.
3. That's up in the air at the moment.
4. Look at this empty place! The domestic Business is obviously not picking up.
5. Let's face it! He has to do his best to come up with some tangible actions for this problem.

Session 08

1. Could you tell me about your investment philosophy?
2. I just want some extra return over the bank interest rate.
3. I just want to get an absolute return, as opposed to beating any benchmark index.
4. Can a private equity fund increase corporate value?
5. We've seen a record growth in exports in June on a YoY basis.
6. I'm just going downstairs to grab something to eat.
7. How has your work-out been coming along lately?

Session 09

1. What will happen to our market if MSCI includes Korea in its developed market index?
2. I tried to get a hold of someone there all morning, but I couldn't get through.
3. A stock price is defined as the discounted value of future earnings growth.
4. At the end of the day, clients will be happier when we service them as a team.
5. No venture, no gain.

Session 10

1. We need some block trading to get the job done.
2. We'll charge them only 20 basis points for this particular trade.
3. Do you remember the collapse of Baring Securities, back in February, 1995?
4. Today is the first day of the rest of my life.
5. We had a good turnout in our investment seminar.

Session 11

1. I've come to the conclusion that 'ignorance is bliss.'
2. You closed that deal like a real pro.
3. You can pick and choose among our new ELS products.
4. Nothing pays better than to be kind.
5. That clearly shows a seriousness for its shareholder-friendly policy to the investment community.
6. We just need to beat the competitors.

Session 12

1. You don't have to hit a home run from day one.
2. Just get up to speed on what's going on around there.
3. Put first things first.
4. They set up principles based on practices and they do everything by principle.
5. My opinion may be summed up in a few words.
6. Have you ever heard of a hedge fund called 'Vampire?'

Session 13

1. I must have been doing the other way around.
2. I must admit that we did not beat VWAP.
3. The best way to get nothing done is for people to sit on the fence.
4. KEPCO consistently earns less than the return to which it is entitled.
5. I'm not happy to find my top pick in my sector taking such an unfriendly shareholder action.
6. Have you recently received a phone call by any chance from a head hunter?

Session 14

1. It has nothing to do with any unfair practice.
2. Because we have our own internal control system, this should not happen.
3. I'm under a lot of pressure at work.
4. The foreign investors are doubling down on Korean securities.
5. The measures of the financial regulator will aim to prevent market volatility and enhance monitoring on possible illegal transactions.

Session 15

1. Word's spreading like wildfire.
2. Plan B involves investing into overseas property funds.
3. I couldn't care less about it.
4. We're running out of blue chips.
5. A dividend fund has been the jewel of the bear market.

Appendix
부록

브로커의 편지 A Broker's Letter

Situation: The Funds was not happy about the leakage of the information regarding its order to sell 200,000 shares of KEPCO, and requested an explanation to its broker.

Dear Timothy,

At 1:50 p.m. on 7th September, the Funds placed an order to sell 200,000 shares of KEPCO. The order was relayed by our Hong Kong salesman through telephone to our dealer in Seoul. The order was fully executed between 1:55 p.m. and 3:00 p.m. and reported back to Hong Kong shortly after the closing.

Since the full process was done over the telephone, there are no records of the order on paper that could have been circulated. The only time written confirmations were prepared is after all the verbal reporting have been made, which are then sent to our relevant offices as trade confirmations. Although there is some room for someone else other than our salesmen to have seen the executions and disseminated the client information, we see the likelihood of this to be minimal.

Another possibility is the salesmen themselves having disseminated client information to some outsiders. We've intensively done high level internal investigations today, interviewing all relevant personnel, but found no evidence of such wrong doings.

In sum, we are ascertained that the leakage of the information did not originate from within our firm. We therefore suspect, from this fact and from previous experiences, that some outsiders such as journalists probably access such sophisticated information.

Although we have no control over information being disseminated in this manner, we will make sure once again that all our sales forces are at all times alert on this client confidentiality issue and let journalists be better aware of such sensitivities. Moreover, we'll ensure that all written trade confirmations in future are delivered to only designated persons at respective sales desks and make sure extra copies are not distributed.

Sincerely yours,
Head of Sales

상황: Funds는 자사의 한국전력 20만 주 매도 주문 정보가 유출된 것을 못마땅해 하면서 담당 브로커에게 해명을 요구했다.

Timothy 씨,

9월 7일 오후 1시 50분, Funds는 한국전력 20만 주 매도 주문을 냈습니다. 본 주문은 홍콩에 있는 우리 회사 영업부 직원에 의해 서울의 딜러에게 전화로 접수되었습니다. 본 주문은 오후 1시 55분과 3시 사이에 완전히 체결되었고 시장이 마감되고 곧 홍콩으로 체결 보고되었습니다.

모든 과정이 전화로 이루어져서 회람할 수 있는 증빙 서류는 없습니다. 유일하게 흔적이 남는 과정은 구두로 체결 보고가 이루어진 후 매매내역서를 작성할 때이며, 이는 곧 관련 부서들에 발송됩니다. 여기서 영업직원들 이외의 사람들이 체결 내역을 보고 고객 정보를 유출할 수 있는 여지가 있지만 그럴 가능성은 희박하다고 봅니다.

또 다른 가능성은 영업직원들 본인이 외부인들에게 고객 정보를 유출하는 것입니다. 오늘 우리는 모든 관련 직원들의 인터뷰를 하면서 고강도 내부 조사를 하였으나 그러한 부정행위를 한 흔적을 전혀 발견하지 못하였습니다.

요약하건대, 우리는 그 같은 정보 유출이 내부에서 발생하지 않았다는 것을 확신합니다. 따라서 이 같은 사실과 과거의 경험으로 미루어볼 때 기자 등 외부인들이 이러한 기밀 정보를 접했을지도 모른다는 생각을 합니다.

저희가 비록 이런 식의 정보 유출에 대한 통제권은 없지만, 우리 영업직원들은 항상 고객 비밀 유지에 각별히 주의할 것을 다시 한번 약속드리며 기자들에게도 이러한 민감한 이슈에 대해 주의를 촉구하겠습니다. 아울러 모든 매매내역서가 앞으로 지정된 영업 데스크의 관련 직원들에게만 전달되고 그 외의 여분의 내역서는 회람되지 않도록 주의하겠습니다.

영업팀장 드림

후속 이메일 A Follow-up E-mail

Dear YK,

I'd like to take this opportunity to thank you for meeting with me last Thursday at your office. The discussion with you was very enlightening and stimulating. As I promised, I am attaching my resume for your review. Please review it at your convenience. (See attached file: Leo.doc)

As I stated in our conversation, I am at a stage in my life where I would like to continue to learn more. I've achieved something I wanted to achieve as banker and now I am targeting the equity side of the business. After having worked over 5 years in the commercial banking field, I maintain one belief which is, in the business world, a man only has his reputation and character to rely on. If a person lacks one or the other, the chances for success are limited. You will find that anyone who knows me will attest to my business reputation as diligent, hard-working, industrious and persistent. As for my character, I hope to be able to demonstrate that I am a person who you can have complete trust in and can delegate important assignments to.

I share your vision of developing Securities One as a major force in the Korean equity markets in the near future. With your leadership and guidance, I feel it is within your grasp. I would be honored to be working for you to achieve your vision for Securities One.

I consider myself flexible and reasonable. As I find emails somewhat impersonal, may I suggest a meeting either Monday or Tuesday next week to sit down and discuss mutually acceptable numbers? Personally, I feel that numbers are a secondary concern. The first priority is to ensure my addition to your team is value-added.

I trust that this email and our ongoing discussions on this matter will be held in strict confidence. Thank you and I look forward to hearing from you soon.

Sincerely,
Leo Choi

김 이사님,

이 기회를 빌려 지난 목요일에 이사님의 사무실에서의 저를 만나 주신 것에 대해 감사드립니다. 이사님과의 대화가 매우 좋았고 고무적이었습니다. 약속한 대로 제 이력서를 보내 드립니다. 편리한 시간에 읽어 보시기 바랍니다. (첨부 파일 참고: Leo.doc)

대화 중에 언급한 것처럼 저는 지금 좀 더 배움을 계속하고자 하는 단계에 있습니다. 은행원으로서 어느 정도 원하는 바를 성취하였기 때문에 이제는 주식 쪽에 목표를 두고 있습니다. 5년 동안 제1금융권에서 일하고 난 후, 비즈니스 세계에서 의지할 것은 자신의 평판과 인격뿐이라는 저만의 신념을 갖게 되었습니다. 둘 중에 하나라도 부족하면 성공의 기회는 제한됩니다. 저를 아는 사람은 누구나 제가 맡은 일을 열심히, 부지런히 그리고 꾸준히 한다는 평가를 할 것입니다. 제 인격에 관해서는 저를 완전히 믿고 일을 맡기실 수 있는 사람이라는 것을 보여 드리고 싶습니다.

저는 이사님께서 가까운 장래에 Securities One 증권을 한국 주식시장에서 주요 회사로 발전시킨다는 비전에 대해 공감합니다. 이사님의 리더십과 지도력으로 그렇게 되는 것이 가능하다고 생각합니다. 제가 Securities One 증권에 대한 이사님의 비전을 실현하기 위해 함께 일하게 된다면 영광일 것입니다.

저는 제가 유연하고 정도를 걷는 사람이라고 생각합니다. 이메일을 보내는 것이 다소 비사교적이라는 생각이 들어 다음 주 월요일이나 화요일에 만나 뵙고 서로 만족할 수 있는 연봉 수준에 대해 대화했으면 합니다. 저로서는 연봉 액수는 두 번째 문제입니다. 저의 우선순위는 제가 이사님의 팀에 부가 가치를 창출하는 사람이 되는 것입니다.

이 이메일과 진행되고 있는 대화에 대해 철저한 보안을 유지해 주실 줄 믿습니다. 감사드리고 조만간 소식 주시기를 기다리겠습니다.

레오 최 드림

주식예탁증서 DR, Depositary Receipts, 주식예탁증권

주식예탁증서의 의의

주식예탁증서(DR; Depositary Receipts)는 해외투자가의 편의를 위해 기업이 해외에서 발행하는 증권 대체증서로서, 국내 원주 보관 기관(한국예탁결제원)에 DR의 원주를 보관하고 해외 예탁 기관이 이를 기초로 발행한 증서이다.

DR 발행의 장점

- 발행사 입장
  즉각적인 기업의 재무구조 개선 효과
  외국인 주주의 유치를 통한 기업의 지명도 제고
  국내 유상증자보다 유리한 조건으로 발행 가능
  두터운 투자자층 형성

- 투자자 입장
  거래시장 통화로 해외 증권 투자
  배당금 등이 외화로 지급되기 때문에 환전이 불필요함
  영문으로 발행사 정보 수취 용이하며 실질주주와 동일한 제반 권리 행사 가능
  원주와 DR의 가격 차이를 이용한 무위험 차익거래(arbitrage) 가능

DR 발행의 일반적 절차

- DR 원주 보관 업무: 국내기업이 해외 증권시장에서 DR을 발행하는 경우 발행회사는 예탁계약서에 따라 발행 회사를 대신하여 해외시장에서 DR을 발행·해지 하고 사후관리를 담당하는 예탁 기관을 선임한다. 현재 예탁 기관 업무를 수행하는 곳으로는 Bank of New York Mellon, Citibank N.A., Deutsche Bank Trust Company, JP Morgan Chase Bank가 있다. 또한, 예탁 기관은 예탁 기관을 대신하여 국내에서 원주식의 보관업무를 수행하는 원주 보관 기관을 선임한다. 예탁결제원은 위 4개 기관과 원주 보관 계약을 체결하여 국내에서 원주의 보관 기관 업무를 수행하고 있다.
- 2016년 8월말 기준으로 삼성전자, 포스코, KT, SKT 등 35개 사 40종목의 DR 프로그램이 실행 중에 있으며, 액수로는 약 USD13bn가 발행 및 유통되고 있다. 한국예탁결제원은 모든 종목의 원주를 보관·관리하고 있다.

DR 원주 보관 현황

'16년 9월말 현재

회사	종목	주식 수
35	40	362,083,766주

DR 발행의 기본적 구조

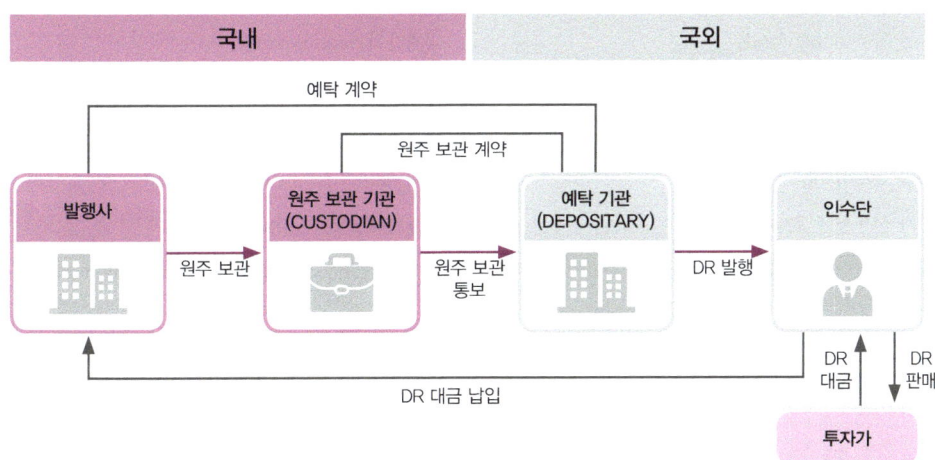

- 원주 보관 기관 : 국내기업 발행 DR의 경우 한국예탁결제원이 모든 원주 보관·관리
- 예탁 기관 : Bank of New York Mellon, Citibank N.A., Deutsche Bank Trust Company, JP Morgan Chase Bank 등

(자료: 한국예탁결제원, KSD)

부록

용어 모음 Glossary

감가상각비	depreciation expenses
강세 시장	bullish market
거래량 가중 평균단가	VWAP (volume weighted average price)
거시경제(학)	macro economy
경기침체	economic downturn
경상수자 흑자	current account surplus
경상수지 적자	current account deficit
경상이익	RP (recurring profit)
경제불황	economic recession
계약 마무리를 잘하는 사람	closer
고객 계좌	client account
공개매수	share buy-back
공개매수	tender offer
공공 기금	public funds
공급부족	supply shortage
공시	public disclosure
과잉	overhang
국가 신용등급	sovereign credit rating
국내 경기	domestic business
국내총생산	GDP (Gross Domestic Product)
글로벌 기준	global standard
금융위원회	FSC (Financial Services Commission)
금융상품	financial product
기관투자가	institutional investor
기관투자가 계좌	institutional account
기업 가치	corporate value
기업 지배구조	corporate governance
기업 이익	corporate earnings
기업 홍보	IR (Investor Relations)
기업공개	IPO (Initial Public Offering)
기업매수자	corporate raider
기업사냥꾼	corporate raider
기술주	IT (Information Technology) shares
기초자산	underlying asset
기획재정부	MOSF (Ministry of Strategy and Finance)
내부 통제 시스템	internal control system
내부 통제 제도	internal control system
내수 관련 기업 주식	domestic plays
내재가치	intrinsic value
내재가치	fundamentals
다변화	diversification
단기 시장 분위기	momentum
단기 시장 분위기	short-term market sentiment
단타매매	short-term trading
달러 약세	dollar weakness, depreciation of the dollar
대기 자금	idle money
대표주	representative stocks
도매업	wholesale industry
매도 가격	offer
매도 주문	sell order
매매 관련 계좌 정보	bookings

매매 확인서 confirmation
매매 관련 실수 dealing mistake
매매차익 capital gains
매매차익 세금 capital gains tax
매수 가격 bid
매수 주문 buy order
매일 반복하는 업무 daily routine work
모회사 parent company
목표 실적 target performance
목표 주가 target price
무상증자 bonus issues
무역업 wholesale industry
물량 부담 overhang
미국주식예탁증서 ADR (American Depositary Receipts)
미시경제(학) micro economy
배당 수익률 dividend yield
배당금 dividend
배당금 수입 dividend income
배당락 ex-dividend
배당이 붙은 cum dividend
배당주 펀드 dividend fund
배리어 옵션 barrier option
베이시스 basis
변동성 volatility
보수 compensation
보이지 않는 손 invisible hand
불공정 거래 관행 unfair practice
비정상시장 backwardation
사모투자전문펀드 PEF (Private Equity Fund)
사모투자전문회사 PEF (Private Equity Fund)
사상 최고의 성장 record growth
산업통상자원부 MOTIE (Ministry of Trade, Infrastructure and Energy)
상장폐지 delisting
상품 계좌 in-house account
서부텍사스 중질유 WTI (Western Texas Intermediary) oil
선물시장 futures market
선박 펀드 shipbuilding fund
선진시장지수 developed market index
설비 투자 capex (capital expenditure)
성과 performance
소매업 retail industry
소비자 신뢰지수 Consumer Confidence Index
소액주주 minority shareholder
수완가 closer
수익 profitability
수익 returns
순익 NP (net profit)
순현금 유입 net cash inflow
시가총액 market cap (market capitalization)
시가총액이 작은 소형주 small cap (small capitalization)
시설 투자액 capex (capital expenditure)
시스템 매매 program trading
시장 평균 예측치 market consensus
시장가 주문 at market
시장예측 market expectation
시장을 따라가며 최선의 체결이 되도록 노력해 달라는 매매주문 CD (careful discretion)
시장 탐색 market tapping

부록

시초가가 형성될 때	at the early starting bell
신용 전망	credit outlook
실적	performance
실적	results
실적 발표	earnings announcement
실적 발표	results announcement
싸게 사고 비싸게 파는 경험칙	buy-low-sell-high rule of thumb
약세 시장	bear (bearish) market
양해각서	MOU (Memorandum of Understanding)
업무부	operations department
업종	sector
MSCI 한국편입지수	MSCI Korea
연기금	public pension fund
영업이익	OP (operating profit)
외국인 지분율	foreign ownership
외국인 투자 등록증	foreign ID
외국환평형기금채권(외평채)	Foreign Exchange Equalization Fund
외환시장	forex market (foreign exchange market)
우량주	blue chip
원화 강세 수혜종목	strong Won beneficiary
유가증권 보유 현황상의 손실	damage on portfolio
유동 주식	outstanding shares
유동성	liquidity
유동성 자산	liquidity
유상증자	right issues
유통업	retail industry
은행이자 초과 수익률	extra return over bank interest rate
이자율	interest rate
이중 과세 협정	double tax treaty
일본 제외 MSCI 아시아 지수	ex-Japan Asia MSCI
임대 수익	rental income
자기 계좌	in-house account
자기매매	in-house trading
자기매매	proprietary trading
자본시장 개방	market opening
자사주매입	share-buyback
자산 배분	asset allocation
자전거래	block trading
자필 서명	autograph
자회사	subsidiary
전년 동기 대비	YoY (on a year-on-year basis)
절대수익률	absolute return
정상시장	contango
정크본드	junk bond
제반 조건	terms and conditions
조달자금	proceeds
종목	counter
종목 번호	code number
주가 수익비율	PER (price earnings ratio)
주가순자산 비율	PBR
주가조작	stock price manipulation
주당 순이익	EPS (Earnings Per Share)
주당 장부가치	BVPS (Book Value Per Share)
주식 발행시장부	ECM (equity capital market)
주식 소각	shares cancellation
주식발행물	equity issue
주식시장	stock market
주식연계상품	ELS (Equity Linked Securities)

주식예탁증서 DR (Depositary Receipts)
주식퇴장 stock hoarding
주요 숫자의 세부 명세 breakdown of numbers
주주 우호 정책 shareholder-friendly policy
준법감시부 compliance department
중국 관련 기업 주식 China-play
증거금 부족 margin call
증빙자료 supporting evidence
지수 index
지시서 instruction
지역별(대륙별) 포트폴리오 regional portfolio
직업의 안정성 job security
채권 발행물 fixed income issue
채권 발행시장부 DCM (debt capital market)
채권시장 fixed-income market
채권시장을 통한 자본조달 debt financing
체결 execution
체결 내역 executions
체결될 때까지 내는 매매 주문 GTC (good till cancelled)
초기 시장 수요 pre-market demand
초기 시장 탐색 initial market tapping
촉매제 catalyst
추진력 momentum
컨소시엄 consortium
테마 theme
통계수치 stats (statistics)
통계자료 stats (statistics)
투자 기간 investment horizon
투자 수단 investment vehicles

투자설명회 investment seminar
투자설명회 IR (Investor Relations)
파생상품 derivatives
판매 수수료 selling concession
편입비율 weighting
하루 평균 거래량 daily turnover
한국 편입 비율 Korea exposure
한국물 Korean Euro-paper
한국증권거래소 KSE (Korean Stock Exchange)
한류 Korea wave
현물시장 cash market
환차손 currency depreciation
환차익 currency appreciation
회사채 corporate bond
회전율 turnover